니트오베이션 스티치 사전

STITCH DICTIONARY

정글책

KNITOVATION STITCH DICTIONARY by Andrea Rangel
copyright © Andrea Rangel, Penguin Random House LLC, 2023

All rights reserved
including the right of reproduction in whole or in part in any form.
This edition published by arrangement with Krause Craft, an imprint of Penguin Publishing Group,
a division of Penguin Random House LLC.

이 책의 한국어판 저작권은 알렉스리 에이전시 ALA를 통해서
Krause Craft, an imprint of Penguin Publishing Group, a division of Penguin Random House LLC 사와 독점계약한 지금이책에 있습니다.
저작권법에 의하여 한국 내에서 보호를 받는 저작물이므로 무단 전재와 복제를 금합니다.

니트오베이션 스티치 사전

KNITovation
STITCH DICTIONARY

모던한 배색 손뜨개 모티브 150+

앤드리아 랭걸 지음 | 김혜연 옮김

CONTENTS

서문　　　　　　　　　　　　　　　　06

1　배색 뜨기　　　　　　　　　08
배색 뜨기에 맞는 실 선택하기　　　10
실 갤러리　　　　　　　　　　　　14
배색 뜨기 팁　　　　　　　　　　24

2　모티브 & 스와치　　　　　26

3　패턴　　　　　　　　　　　106
배색 모티브를 넣은 프로젝트 디자인　108
돔 형태 비니　　　　　　　　　　116
앵무조개 무늬 반장갑　　　　　　120
한밤의 정원 풀오버　　　　　　　128

4　그 밖에 알아둘 내용　　　142
주요 뜨개 기법과 영문 약어　　　144
기법 설명　　　　　　　　　　　145

5　찾아보기　　　　　　　　155
찾아보기 | 콧수 기준　　　　　　156
찾아보기 | 단수 기준　　　　　　157
찾아보기 | 가나다순　　　　　　　158
주제별 찾아보기　　　　　　　　159

감사의 글　　　　　　　　　　　　160

서문

나의 첫 번째 프로젝트

제가 완성한 첫 번째 뜨개 프로젝트는 어두운 보라색 모헤어로 뜬 30cm 폭의 못생긴 편물이었어요. 뜨개에 발을 들인 초보라면 누구나 겪었을 만한 익숙한 문제들이 있었죠. 구멍이 숭숭 뚫리고 테두리는 우글쭈글하고, 뜬금없이 코가 늘어났거나 줄어든 데가 여기저기 있었거든요.

그때는 내 손으로 천을 짜냈다는 사실이 자랑스러워서 그걸 꼭 쓰고 싶었어요. 그래서 카키색 캔버스 천을 사각형으로 자른 다음 그 위에 편물을 펼쳐 놓고 테두리를 손으로 삐뚤빼뚤 꿰매서 메신저백을 만들었어요. 비슷하게 문제투성이인 기다란 편물도 떠서 보송한 모헤어로 캔버스 천을 감싼 어깨끈까지 만들어 달았죠. 대학생 때 전공 서적은 다 이 가방에 넣고 다녔어요. 엉성하게 꿰맨 솔기가 영문학 앤솔러지와 천문학 교과서의 어마어마한 무게를 그렇게 오래 버텼다니 지금 생각해도 경이로워요!

어쨌든 그건 정말 끔찍한 프로젝트였고 없어진 지도 오래되었습니다. 그래도 그때 실을 주셨던 (베테랑 니터이고 너그럽게 재료를 나눠주셨던) 친척 아주머니 덕분에 따뜻한 추억이 되었어요. 그 괴상망측한 가방을 만들었던 건 20여 년 전 일이고, 전업으로 대바늘 뜨개 패턴을 디자인한 지도 이제 10년이 넘어갑니다. 뜨개 실력도 많이 늘었죠. 하지만 실력보다는 그때 보송보송한 보라색 실을 보고 느꼈던 창의성의 반짝임을 여전히 떠올릴 수 있다는 사실이 더 중요할지도 모르겠어요. 그리고 그 반짝임을 이 책에 실은 모티브와 디자인을 통해 여러분에게도 전달하고 싶습니다.

《올터니트》에서 《니트오베이션》까지

저의 전작인 《올터니트 스티치 사전AlterKnit Stitch Dictionary》때문에 이 책을 선택한 분도 계시겠죠. 《올터니트》를 좋아하셨던 분이라면 자매편이라고 볼 수 있는 이 책도 좋아하시리라 자신합니다. 동시에 저는 이 책이 단독으로도 가치가 있게 만들었어요. 150가지가 넘는 새로운 모티브를 담았고, 실 선택에 관해 한 챕터를 써서 깊이 있게 다뤘으며, 오리지널 프로젝트 패턴도 세 가지 실었습니다. 이 패턴은 디자인 콘셉트를 설명하는 예시이기도 하고, 어떤 프로젝트를 선택하든 원하는 대로 모티브를 활용하는 출발점이 되기도 할 거예요.

《올터니트》에서 그랬던 것처럼 이 책의 모든 모티브는 남편 숀이 디자인하고 이름을 붙였습니다. 숀은 기발한 상상력이 넘치는 아티스트거든요. 숀의 지지와 협력이 없었다면 이 책을 완성하지 못했을 거예요. 같이 책을 만들면서 많이 즐거웠습니다. 여러분도 자기만의 창의성을 발휘하면서 그런 가볍고 소박한 즐거움을 느낄 수 있으면 좋겠어요.

이 책은 조금씩 발전을 즐기는 사람, 살짝 색다른 것을 원하는 사람, 다음 프로젝트를 시작하고 싶어서 안달 난 사람들을 위한 책입니다. 뜨개에 재치 있는 배색을 더하고 싶어지도록 여러분에게 영감을 선사하고 싶어요. 무엇을 뜨든 말이죠.

책을 대충 훑어보고 눈길이 가는 모티브에 포스트잇을 붙여서 표시해두세요. 뜨개를 하지 않는 가족에게 어떤 모티브가 마음에 드는지 물어보세요. 이 책은 직관적이고 재미있으며 흥미롭게 느껴지도록 구성했습니다. 언제든지 놀라움을 느낄 수 있게요! 완벽한 꽃무늬를 찾아 헤매다가 그만 강렬한 기하학 모티브에 사로잡히거나 완전히 다른 아이디어를 끌어내는 무언가를 만난다면 좋겠어요.

이 책의 다른 부분들도 잊지 마세요. 배색 디자인에 관한 유용한 정보, 실 선택에 따른 배색 편물의 느낌 차이, 덧수로 편물에 장식을 더하는 법도 찾을 수 있답니다.

뜨개에는 아주 다양한 방식이 있고, 선택할 수 있는 재료도 아주 많죠. 그리고 웃음을 자아내는 것, 아름다운 것 등 뜰 수 있는 소재도 무궁무진해요. 여러분이 내면에 존재하는 무언가를 만들고 싶다는 충동에 이끌리기를, 첫 시도가 계획대로 되지 않더라도 계속 도전하기를 바랍니다. 매번 실험할 때마다 이 재미있는 뜨개라는 공예에 대해, 그리고 여러분 자신을 표현하는 것에 대해 더 많이 배우게 될 거예요.

이 책을 활용하는 법

이 책에 실린 모티브가 여러분이 창의성을 발휘하는 첫걸음이 되었으면 합니다. 그러니 여러분의 독창적인 디자인에 이 모티브들을 사용하거나, 새로운 패턴의 일부로 활용해주세요! 다른 스티치 사전들과 마찬가지로, 뜨개 도구처럼 생각해주세요. 모티브를 사용할 때 출처로 제 이름이나 이 책을 언급하지는 않으셔도 됩니다. 하지만 누군가 제 모티브에서 영감을 얻었다는 사실을 알게 되면 정말 기쁘거든요. 그러니 인스타그램(@AndreaRangelKnits)에 저를 태그하거나 이메일(Andrea@AndreaRangel.com)로 여러분의 작품을 공유해주세요.

이 책을 펼친 모든 뜨개인 여러분과 컬래버레이션할 수 있길 바랍니다. 여러분의 뜨개 생활과 창의성 발현에 행운이 있기를!

Andrea Rangel

CHAPTER 1

KNITTING IN COLOR
배색 뜨기

가로배색 편물을 잘 뜨려면 단순히 색을 잘 선택하는 것만으로는 부족합니다. 실을 선택할 때는 섬유와 굵기, 만들어진 방식도 고려해야 해요. 이 챕터에서는 섬유와 실이 배색 프로젝트에 어떤 영향을 미치는지 알아보겠습니다.

배색 뜨기에 맞는 실 선택하기

가로로 실을 걸쳐서 뜨는 배색 뜨기에는 어떤 실이든 다 사용할 수 있습니다. 하지만 선택한 실의 특성에 따라 완성한 편물의 모습과 감촉, 유연성이 크게 달라질 거예요. 모든 실에는 고유한 특징을 띠게 하는 다양한 요소가 있습니다. 섬유 조성, 실을 뽑은 방식, 실을 구성하는 가닥의 수, 그 가닥의 꼬임 정도, 완성된 실의 굵기가 각각의 역할을 하죠. 그리고 이러한 요소들이 상호작용하며 실의 부드러움과 탄성, 질감이 결정됩니다.

서로 다른 실의 다양성을 보여주기 위해 이 챕터에는 여러 실로 뜬 동일한 모티브 샘플을 실었습니다. 모든 종류의 실을 망라한 완벽한 리스트는 아니지만, 원하는 결과물을 얻고자 할 때 적절한 실을 선택하는 것이 얼마나 중요한지 확인할 수 있는 시각 자료가 될 거예요.

먼저 샘플을 보고 제대로 파악할 수 있도록 실의 두드러진 특성 몇 가지를 알아볼게요. 배색 뜨기를 염두에 두고 프로젝트에 알맞은 실을 선택할 때 핵심적으로 고려해야 할 사항입니다.

섬유 조성

실을 선택할 때는 무엇보다도 그 실을 만들 때 사용한 섬유를 고려하세요. 가로배색 뜨기를 할 때 제가 항상 믿고 쓰는 실은 울(모사)입니다. 그렇다고 해서 울만 고집하는 것은 아니지만요. 울에는 탄성이 있습니다. 섬유가 쉽게 늘어났다가 원래 길이로 돌아간다는 뜻이죠. 덕분에 뜨는 내내 일정한 장력을 유지해서 표면이 매끄럽고 고른 편물을 만드는 데 도움이 됩니다. 가로배색은 모자와 양말 등을 뜰 때 자주 사용하는 기법이라, 사이즈에 맞게 늘어났다가도 원래 모양대로 돌아가는 울의 특성이 장점이 될 수 있습니다.

울에는 피부에 바로 닿아도 괜찮을 정도로 부드러운 것부터 거칠고 따끔거리는 것까지 다양한 종류가 있습니다. 보통 입었을 때 편안한 스웨터를 원하지만, 가로배색 뜨기를 할 때는 전통적으로 다소 '달라붙는' 혹은 '거칠거칠한' 실을 선택해왔어요. 섬유가 서로 엉겨붙기 때문이죠. 여러분이 초보자이고 장력을 고르게 유지하지 못할까 봐 걱정된다면 울로 배색 뜨기를 시작하는 편이 성공하기 쉬울 거예요. 그중에서도 다른 실에 비해 고정력이 좋은 종류의 울을 쓴다면 코의 크기와 모양이 편물을 떴을 때의 모습 그대로 유지될 가능성이 큽니다.

실크(견사)나 코튼(면사)처럼 탄성이 없는 섬유로 만든 실을 쓰면 아름답게 흐르는 듯한 편물을 뜰 수 있지만 장력 문제가 생길 가능성도 큽니다. 울보다 미끄럽고 탄성이 적은 실이라서 잘못 잡아당긴 경우에도 실이 반응하기 쉽기 때문이에요. 그러면 코가 뒤틀리면서 옆자리의 코보다 팽팽하게 조여지거나 느슨하게 헐거워지고 그 결과 편물이 고르지 않게 됩니다.

'달라붙는' 다시 말해 '잔털이 많은' 섬유에는 또 다른 장점도 있습니다. 뜨다가 코를 빠뜨리는 건 흔한 일이죠. 그럴 때 이런 질감의 실을 사용하면 여러분이 빠뜨린 코를 알아차리고 고칠 때까지 아무 일도 일어나지 않을 거예요. 그러니 빠진 코 때문에 스트레스를 받을 일도 없습니다. 하지만 만약 광택이 흐르는 실크로 복잡한 레이스를 뜨다가 한 코를 빠뜨렸다고 생각해보세요. 살짝 왼쪽으로 몸을 틀기만 해도 무슨 일이 벌어지고 있는지 미처 깨닫기도 전에 편물이 줄줄이 풀려버리겠죠. 그 작디작은 움직임만으로요. 이렇게 코가 유지되고 풀리는 경향성은 코가 얼마나 고른지, 그 결과 편물이 얼마나 고른지에 큰 영향을 미칩니다. 그러니 이 점을 염두에 두세요.

> **팁: 표면 질감**
> 실의 질감에 관해서라면 표면이 고르지 않은 올록볼록한 실과 표면에 잔털이 많은 실을 쓸 때 더 은은하고 부드러운 느낌이 난다는 점을 알아두세요. 두드러지고 선명한 스티치를 원한다면 표면이 매끄러운 실을 쓰는 편이 좋아요.

실은 배색 편물의 상대적인 완성도에 큰 영향을 미칩니다. 위의 샘플은 다음의 실로 떴습니다. Ⓐ아이슬란드 울, Ⓑ울 단사, Ⓒ울 단사와 모헤어 합사, Ⓓ모헤어/실크 혼방사.

섬유 준비 공정

여기에서는 다른 섬유는 다루지 않고 울에 대해서만 이야기하지만, 울 섬유 하나만 놓고 봐도 실을 잣기에 앞서 어떤 준비 공정을 거치는지에 따라 완성된 실이 크게 달라집니다. 주요 준비 공정에는 소모worsted 방적과 방모woolen 방적이 있습니다.

소모사

소모사를 만들 때는 섬유를 조심스럽게 빗질하는 코밍combing 공정을 거쳐 모든 섬유 가닥이 같은 방향을 이루게 준비 작업을 합니다. 아주 짧거나 아주 긴 섬유는 제거해서 남은 섬유의 길이가 거의 같도록 맞춰줘요.

감을 잡고 싶다면 냄비에 넣기 직전 손에 쥔 스파게티 다발을 떠올려보세요. 스파게티 가닥처럼 소모사를 만드는 섬유도 빽빽하게 모여 있고 길이가 균일합니다. 이렇게 준비한 섬유로 실을 뽑으면 섬유가 다소 거칠더라도 치밀하고 질기며 매끄러운 실이 나옵니다.

방모사

방모사를 만들 때는 섬유를 빗질할 때 코밍 공정 대신 카딩carding 공정을 거칩니다. 긴 섬유, 중간 길이 섬유, 짧은 섬유가 함께 뒤섞여서 솜털처럼 폭신하고 가벼운 형상이 되죠.

이번에는 솜사탕을 생각해보세요. 카딩 공정을 거친 섬유로 뽑으면 공기층이 포함되어 더 폭신하고 표면이 고르지 않은 실이 나옵니다. 방모사는 소모사에 비해 표면에 빈 부분이 많고 질감이 더 있습니다. 덕분에 방모사로 만든 원단은 아주 가볍고 따뜻해요.

실의 차이

소모사와 방모사라는 극과 극 사이에도 다양한 실이 있지만, 이 정도로 큼직한 분류만 알아놓아도 좋습니다. 대부분의 실은 라벨에 방적법을 써놓지 않습니다. 그러니 확신하기 어려울 때는 실을 한 가닥 들고 손으로 끊어보세요. 쉽게 끊어지면 방모사일 가능성이 높습니다. 손이 아프고 전혀 끊어질 기미가 안 보인다면 아마도 소모사일 겁니다. 일반적으로 (그리고 쉽게 비교하자면) 양말 실은 대부분 소모사이고 솜털이 보송한 셰틀랜드 스타일 실은 방모사랍니다.

실의 탄성과 가닥

스티치가 선명하고 모양이 잘 유지되도록 하는 데 영향을 미치는 또 다른 특성이 있습니다. 실이 얼마나 탄력이 있는지, 잡아당긴 다음 원래 길이로 돌아가는 경향성이 얼마나 높은지 보는 거예요. 즉 실의 탄성입니다.

섬유 조성과 방적 방식 모두 실의 탄성에 영향을 미칩니다. 앞에서 언급했듯이 울은 실크, 리넨, 코튼, 알파카보다 탄성이 높습니다. 울이라는 범주 안에서는 품종에 따라 메리노Merino보다는 코르모Cormo와 블루페이스 레스터Bluefaced Leicester(BFL)가 더 탄성이 높습니다.

실을 더 단단하게 자아서 스프링처럼 작용하도록 꼬임을 추가하면 탄성을 더욱 높일 수 있습니다. 또 여러 가닥의 실을 함께 꼬면 전반적인 탄력이 높아지죠. 코튼, 실크, 알파카처럼 미끄럽고 탄성이 없는 섬유로 만든 실도 여러 가닥을 단단하게 꼬아서 어느 정도 탄력이 생기게 할 수 있습니다. 그래도 여전히 식물성 섬유와 실크, 알파카는 매끄럽고 탄성이 부족해서 배색 뜨기에 사용하기는 까다로워요. 편물을 완성하고 블로킹을 마친 뒤에도 코 모양이 변형되거나 울로 뜬 것보다 엉성해 보일 수 있습니다.

실의 무게와 섬유의 무게

뜨개에서 고려할 무게에는 두 가지 요소가 있습니다. 실 한 가닥의 굵기로 결정되는 실의 무게와 실 한 타래가 몇 그램인지로 알 수 있는 섬유의 무게입니다.

실의 무게

편물이 얼마나 두꺼워질지, 그리고 그 두께가 내 의도에 잘 맞는지 생각하는 것이 중요합니다. 예를 들어 슈퍼벌키 등급의 실로 배색 뜨기를 하는 것은 재미있는 아이디어지만 편물의 두께가 아마도 1cm를 넘길 테니 활용도가 한정되어 극히 드문 용도로만 뜨게 될 거예요.

> **팁**: 실의 무게─굵기에 따른 분류
> 가는 것부터 굵어지는 순서대로 나열한 실의 굵기 등급: 레이스, 핑거링, 스포츠, DK, 워스티드, 벌키, 슈퍼 벌키[각 등급의 중간 정도 굵기인 경우 라이트나 헤비를 붙여 표기하기도 합니다. 라이트는 해당 등급보다 조금 가늘 때, 헤비는 해당 등급보다 조금 굵을 때 붙입니다.─옮긴이]

섬유의 무게

완성한 작품의 무게가 얼마나 되는지도 중요합니다. 배색 스웨터 전체를 워스티드 굵기의 코튼 실로 뜨면 워스티드 굵기의 울로 뜬 경우보다 무거울 것입니다. 그리고 입었을 때 무게 때문에 스웨터가 아래로 늘어나게 될 거예요. 코튼에는 탄성이 부족해서 늘어난 스웨터를 원래 의도한 길이로 되돌릴 방법이 없습니다. 생각한 것보다 길이가 훨씬 길고 폭이 좁은 옷이 될 가능성이 크죠.

정리

소모사로 뜬 편물의 스티치가 더 선명하니, 배색무늬가 또렷하고 두드러지게 뜨고 싶다면 여러 가닥을 꼬아 만들어서 탄성이 있고 실 가닥의 표면이 매끄러운 실을 쓰세요.

그래서 저는 네이버후드 파이버NEIGHBORHOOD FIBER CO.의 오가닉 스튜디오 삭Organic Studio Sock 실을 좋아합니다─'모티브 & 스와치' 챕터(26쪽)에서도 이 실을 사용했어요. 메리노 울이라 몹시 부드럽고 매끄러우면서 내구성과 탄성도 갖춘 실입니다. 여러 가닥을 단단하게 꼬아 양말에 필요한 수준으로 내구성과 탄성을 높였기 때문에, 느슨하게 꼬거나 적은 가닥으로 만든 실보다 스티치가 더 깔끔하고 선명하게 나옵니다.

어떤 실을 선택하든 니터로서 직접 쌓은 경험이 가로배색 프로젝트에서 장력을 유지하는 데 중요한 영향을 미칩니다. 한 번에 두 실로 뜨는 것이 처음이라면 편물이 기대한 것만큼 완벽하지 않더라도 실망하지 마세요. 더 자세한 정보는 '배색 뜨기 팁'(24쪽)에서 찾을 수 있습니다.

원통 뜨기와 스틱 기법

저는 배색할 때 왔다 갔다 왕복으로 뜨는 것보다 원통으로 뜨는 편을 선호합니다. 원통으로 뜨면 항상 겉면만 보이거든요. 이전에 어떻게 떴는지, 앞으로 어떻게 떠야 하는지 확인하기 쉽죠. 또 배색 뜨기에서 안뜨기를 하기란 꽤 까다로운 일이기도 해요.

그래서 항상 겉면만 보고 안뜨기 없이 배색 뜨기를 하면서도, 카디건의 앞여밈단, 소매를 연결할 진동, 네크라인을 만들기 위해 프로젝트 전체를 원통으로 작업한 뒤 편물을 잘라 트임을 만듭니다. 이 대담한 방법을 스틱 기법steeking이라고 해요.

편물을 자를 부분에는 추가로 몇 코를 더 떠서 약간의 완충 장치를 만들어주는데요. 이렇게 추가 스티치로 만들어진 패널을 스틱steek이라고 부릅니다. 스틱 패널은 보통 자르기 전에 니들 펠팅, 코바늘 뜨개, 재봉틀을 이용한 바느질 등으로 보강 작업을 거칩니다.

스틱 기법을 사용하려 한다면 실 선택이 더 까다로워집니다. 실크나 식물성 섬유로 만들어진 미끄러운 실을 사용한다면 보강 작업을 아주 꼼꼼하게 하거나, 스틱 기법 자체를 쓰지 않는 편이 좋습니다. 반면 셰틀랜드 울처럼 잘 달라붙는 실은 보강하고 자를 때 코가 풀릴 염려 없이 스틱 기법을 사용할 수 있죠.

실 갤러리

이 섹션에서는 시중에서 쉽게 구할 수 있는 여러 섬유의 실과 혼방실을 다양하게 소개합니다. 스와치마다 사용한 실에 관해 간략하게 소개하고, 배색 뜨기를 한다면 어떤 프로젝트에 사용할지(혹은 사용하지 않을지) 적었습니다. 그리고 염색 효과가 배색 무늬에 어떤 영향을 미치는지도 살펴볼 거예요.
참고: 별도의 설명이 없으면 모든 실은 소모사입니다.

메리노 울

네이버후드 파이버 '오가닉 스튜디오 삭'NEIGHBORHOOD FIBER CO. Organic Studio Sock

섬유: 100% 슈퍼워시 메리노 울
굵기: 핑거링

이 책의 '모티브 & 스와치' 챕터에 실린 샘플은 다 이 실로 떴습니다. 제가 이 실을 얼마나 좋아하는지 아시겠죠. 이유는 여러 가지가 있습니다. 먼저 두 가닥으로 이루어진 실 네 가닥을 단단하게 꼬아서 만들었기 때문에 아주 둥글고 균형이 잡혔으며 탄성도 훌륭합니다. 또 이렇게 만든 덕에 내구성도 높고 메리노 품종인 만큼 매우 부드럽습니다. 그러니 이 실로는 뭐든 다 뜰 수 있어요. 제작사인 네이버후드 파이버에서는 친환경 공정을 이용해 오가닉 메리노 슈퍼워시 실을 만듭니다. 선택할 수 있는 색상도 놀랍도록 많답니다. 글로벌 유기농섬유 표준(GOTS)에서 인증한 100% 오가닉 실이기도 해요.

실 갤러리의 설명 위에 실은 사진들을 보면 샘플 크기가 거의 동일해 보이지만 실제로는 크기가 상당히 다릅니다. 왼쪽 페이지 사진에서 보이는 것처럼 게이지 차이가 컸어요.

방모 셰틀랜드 울

제이미슨스 '셰틀랜드 스핀드리프트'JAMIESON'S Shetland Spindrift

섬유: 100% 셰틀랜드 울
굵기: 핑거링

셰틀랜드란 영국 최북단에 있는 군도 셰틀랜드섬에서 서식하는 양의 품종을 말합니다. 이 실은 두 가닥으로 만든 방모사인데, 실끼리 잘 달라붙는 질감이 있고 아주 가벼워요. 셰틀랜드 니팅과 페어아일 니팅 등 배색 뜨기를 할 때 전통적으로 사용하는 클래식 실로, 처음 배색 뜨기를 시작하는 사람들이 쓰기 좋습니다. 특별히 부드럽지는 않지만 바람을 막아줄 카디건과 모자를 뜨기에 딱 좋은 실이에요. 완성한 편물은 거칠지만 정겨운 느낌이 납니다. 이 실을 비롯한 셰틀랜드 실의 또 다른 장점은 프로젝트에 필요한 수많은 색상을 선택할 수 있게끔 소량을 저렴하게 판매하는 경우가 많다는 것입니다. 전통적인 셰틀랜드 배색 뜨기 편물에는 작은 배색 모티브가 여러 개 들어가서 한 프로젝트에 많은 색이 필요하거든요. 단, 이 실은 방모사이기 때문에 양말처럼 닳기 쉬운 아이템에는 적합하지 않습니다.

아이슬란드 울

이스텍스 '레틀로피' ÍSTEX Léttlopi
섬유: 100% 아이슬란드 울
굵기: 헤비 워스티드

아이슬란드 양은 아이슬란드 토종 품종으로, 그곳 환경에 완벽하게 어울리는 울을 얻을 수 있습니다. 레틀로피는 질기고 가벼우며 대단히 따뜻한 실이에요. 섬유를 가볍게 방적해 뽑아낸 실 두 가닥을 느슨하게 꼬아 아주 폭신하죠. 또 표면의 솜털 덕에 다른 실을 썼을 때보다 편물이 조금 더 은은하고 부드러워 보이며 또렷한 느낌이 덜합니다. 코가 아주 자연스럽게 서로 잘 어우러지기 때문에 느슨한 게이지로 뜰 수 있어요. 부드러움은 주관적인 판단 영역이지만 저한테는 조금 따끔거려서, 목에 닿는 옷보다는 외투에 이 실을 사용해요. 거칠거칠한 실이고 모자나 스웨터를 금방 뜰 수 있어서 초보자가 쓰기 좋습니다.

랑부예 울

리추얼 다이스 '메이븐' RITUAL DYES Maven
섬유: 100% 랑부예 울
굵기: 핑거링

매우 부드럽고 탄력이 있으면서 질감도 꽤 있는 실입니다. 랑부예 울은 메리노 울보다는 살짝 덜 부드럽지만 탄성은 더 높습니다. 아주 깔끔하고 선명한 편물보다는 조금 투박한, 고풍스러운 태피스트리에 가까운 느낌의 편물이 만들어지죠. 차분하고 자연스러운 느낌을 내는 것이 목표라면 이 실이 좋은 선택지가 될 거예요.

블루페이스 레스터 울

에밀리 C 길리스 'BFL 핑거링' EMILY C GILLIES BFL Fingering
섬유: 100% BFL 울
굵기: 핑거링

BFL은 부드러운 울로, 윤기 있고 긴 섬유로 만들어져서 보기 좋은 광택감이 있습니다. 다른 실에 비해 잘 달라붙고 탄력이 있는 편이라 배색 뜨기 초보자에게 알맞은 실이죠. 품종에 따른 실의 차이를 연구해볼 생각이 있다면 BFL을 꼭 써보세요. 양말 실로 뜬 매끈한 편물과 셰틀랜드 실로 뜬 투박한 편물의 중간 느낌이 날 거예요. 이 실은 두 가닥을 아주 단단하지는 않은 정도로 꼬아서 만들었기 때문에 약간의 질감이 있습니다. 하지만 튼튼한 BFL 섬유의 특성 덕에 내구성도 여전히 높습니다.

방모 코르모 울

해리스빌 디자인 '데이라이트 & 나이트셰이드' HARRISVILLE DESIGNS Daylights & Nightshades
섬유: 80% 코르모 울, 20% 기타 울
굵기: DK

코르모는 매우 부드럽고 스펀지같이 폭신하면서도 탄력이 있어서 제가 가장 좋아하는 울입니다. 이 실은 세 가닥으로 이루어져 있으며 방모 공정을 거쳐서 굉장히 가볍고 폭신해요. 표면은 기분 좋게 건조하고 거슬거슬한 느낌이 납니다. 배색하기 좋은 실이에요. 코르모는 모든 의류와 소품에 잘 맞는 좋은 선택지입니다. 단 양말은 제외예요. 방모사는 양말을 신었을 때 발생하는 마찰을 견딜 내구성이 부족하기 때문입니다.

울 단사

줄리 아슬린 '너처드 파인'JULIE ASSELIN Nurtured Fine
섬유: 100% 울(랑부예, 타기, 메리노)
굵기: 레이스

한 가닥으로 이루어지고 꼬아서 강도를 높인 실을 단사single yarn 라고 부릅니다. 이런 실은 거친 느낌이 있고 표면이 고르지 않아 약간 올록볼록한 질감이 있어요. 샘플의 실은 다른 색상이 섞여 들어가서 얼룩덜룩한 노란색이라 트위드 느낌도 납니다. 스티치가 선명하게 보이지만 단사가 흔히 그렇듯 표면이 부드러워 보이기도 합니다. 아주 매끄러운 실은 아니기 때문에 코와 코가 서로 잘 붙어 있습니다. 모헤어/실크 혼방사(21쪽)보다는 확실히 또렷하면서도 여전히 부드러워 보이는 것이 단사의 특징이에요.

슈퍼벌키 울 단사

네이버후드 파이버 '러스틱 벌키'NEIGHBORHOOD FIBER CO. Rustic Bulky
섬유: 100% 메리노 울
굵기: 슈퍼 벌키

큼직한 스티치가 얼마나 귀여운지 보여주기 위해 슈퍼벌키 등급의 굵은 실을 꼭 소개하고 싶었어요. 하지만 기억하세요. 편물이 아주 두꺼워질 테니 여러 용도로 실용적이지는 않을 거예요. 이런 편물로는 모자나 실내화를 추천합니다. 하지만 저의 평가 때문에 망설일 필요는 없어요. 이런 편물로 겨울 스웨터를 만들고 싶다면, 도전해보세요!

알파카

GN'R 알파카 팜 '100% 알파카'GN'R ALPACA FARM 100% Alpaca
섬유: 100% 알파카
굵기: DK

알파카는 많은 사람이 오랜 세월 배색 뜨기와 따뜻한 의류 작업에 사용한 섬유입니다. 아주 특별한 속성이 있어서 독특한 실이죠. 알파카는 부드러운 정도가 다양합니다. GN'R의 실은 부드러운 데다가 편물 표면의 성긴 솜털 덕에 포근한 느낌이 인상적이에요. 광택감도 흐르고 유연해서 걸쳤을 때 늘어뜨려지는 모습이 아주 아름답습니다. 하지만 탄성이 있는 섬유는 아니며 울보다 치밀하고 무거워요. 입으면 반드시 세로 방향으로 늘어납니다. 이런 특성을 감안해 알파카는 촘촘한 게이지로 뜨거나 소품용으로 쓰는 쪽을 추천합니다. 성인 사이즈의 스웨터라면 몸판 옆선과 어깨선, 진동 둘레의 솔기를 보강하면 나아질 거예요.

코튼/나일론 혼방

트레일헤드 얀스 '애팔래치아 트레일'TRAILHEAD YARNS Appala-chian Trail
섬유: 65% 코튼, 35% 나일론
굵기: 핑거링

스티치가 비교적 깔끔하게 나오는 시원하고 탄탄한 실입니다. 나일론 덕에 탄성이 추가되고 무게도 줄어들어서 100% 코튼 실보다 배색 뜨기에 더 적합해요. 코튼을 비롯한 식물성 섬유의 실은 잘 늘어나지 않기 때문에 뜨는 동안 손이 아프다고 느끼는 사람들도 있습니다. 나일론을 혼방함으로써 이런 부분이 나아지고 내구성도 크게 향상됩니다. 많은 양말 실에 나일론이 들어가는 것도 이런 이유 때문입니다.

실크/리넨 혼방

스위트조지아 얀스 '플랙슨 실크 DK'SWEETGEORGIA YARNS Flax-en Silk DK

섬유: 65% 실크, 35% 리넨
굵기: DK

이 실을 만나고 정말이지 깜짝 놀랐습니다. 실크도 리넨도 탄성이라고는 없는 데다가 실크의 매끄러움을 생각하면 코가 엉성하게 떠질 줄 알았거든요. 그런데 실제로는 스티치도 또렷하고, 살짝 광택감이 흐르는 보기 좋은 편물이 만들어졌답니다. 그렇다고 해도 이 실로 성인 의류를 뜨기는 망설여질 거예요. 늘어져서 모양이 바뀔 테니까요. 하지만 우아하고 유려한 느낌의 숄이나 카울을 뜰 때는 완벽하겠죠. 리넨은 시간이 갈수록 부드러워지고 아름답게 길이 든다고 알려져 있으므로 온화한 계절용 프로젝트에 즐겨 쓸 만한 실입니다.

모헤어/실크 혼방

줄리 아슬린 '아나톨리아'JULIE ASSELIN Anatolia

섬유: 60% 키드 모헤어, 40% 실크
굵기: 레이스

레이스 굵기의 모헤어/실크 혼방 실은 여러 브랜드에서 만드는 꽤 흔한 실입니다. 너무 멋진 실이거든요. 이렇게 혼방하는 이유는 두 섬유가 서로 아름답게 균형을 이루기 때문이에요. 솜털이 있는 모헤어는 편물 표면에 보송하면서 은은한 느낌을 더해주고, 실크는 견고하면서 반사되는 것 같은 반짝임이 있습니다. 덕분에 유연하게 흐르는 느낌이 추가되고 모헤어의 보송함이 우아하게 중화됩니다. 모헤어/실크 혼방사를 쓰면 특유의 포근하고 차분하며 부드러운 느낌 덕에 스티치가 은은하고 보드라워 보여서 오래 애용한 듯한 편물을 뜰 수 있습니다.

모헤어/실크 혼방사만으로 배색 뜨기를 하면 색상이 서로 섞이며 얇게 비쳐 보이는 편물이 나옵니다. 아주 독특하고 아름답지요.

모헤어/실크 혼방사 & 울 단사 합사

줄리 아슬린 '아나톨리아' & '너처드 파인' JULIE ASSELIN Anatolia & Nurtured Fine

모헤어/실크 혼방사를 사용했을 때 솜털이 자아내는 은은한 느낌과 실크의 반짝임을 좋아하지만, 조금 더 일반적인 편물의 느낌을 선호한다면 핑거링 굵기의 울 실 한 가닥과 모헤어/실크 혼방사를 함께 잡고 뜨는 방법도 있습니다. 울 덕에 탄성이 있고 탄탄한 편물이 만들어지죠. 여전히 가볍고 폭신하면서 반짝이지만, 비침이 덜하고 색상도 조금 더 또렷하게 보입니다. 모헤어/실크 혼방사만 사용했을 때보다 편물이 더 도톰하고 유연해져요. 울 단독으로 뜬 편물보다는 당연히 더 멋스럽고, 모헤어/실크 혼방사 단독으로 뜬 것보다는 더 실용적입니다.

모헤어 실로 작업할 때는 하나 더 알아두세요. 모헤어는 울보다 따뜻합니다. 그러니 모헤어/실크/울로 뜬 옷은 특별히 포근하답니다.

세미 솔리드 & 스페클 컬러

네이버후드 파이버 '스튜디오 삭'NEIGHBOR HOOD FIBER CO. Studio Sock & 소우 해피 제인 '해피 핑거링'Sew Happy Jane Happy Fingering

섬유: 스튜디오 삭:100% 슈퍼워시 메리노 울
해피 핑거링: 75% 메리노 울, 25% 나일론
굵기: 핑거링

배색 뜨기에 양말 실을 쓰면 정말 재미있어요. 색상도 선명하고, 매끄러운 실이라 스티치도 아주 깔끔하게 나오거든요. 점점이 색이 들어간 스페클 실이나 단일 색상이지만 염색 과정에서 자연스러운 색 변화가 나타난 세미 솔리드, 한 색에서 다른 색으로 자연스럽게 변화하는 다색 그러데이션 실을 추가하면 좀 더 회화적인 느낌을 낼 수 있습니다. 샘플에서 사용한 실 조합은 연한 회색 실에 점점이 들어간 색상이 배색한 짙은 보라색과 비슷해서 결과적으로 패턴이 완전히 깔끔하게 표현되지는 않았다는 점이 흥미로워요. 어두운 노란색 점들 덕에 보라색도 돋보여서 마음에 듭니다. 여러 색으로 이루어진 실을 조합하고자 한다면 전체적으로 크게 대비되는 실을 쓰는 것이 최선의 조합일 거예요. 하나는 아주 어두운 색, 다른 하나는 아주 밝은 색을 쓰는 거죠. 물론 스페클 실이라면 연한 회색 실에도 어두운 점들이 박혀 있기 마련이죠. 그걸 의도했고 결과물이 마음에 든다면, 주저하지 말고 사용하세요.

다색 그러데이션 & 솔리드 컬러

스핀사이클 얀스 '다이드 인 더 울 & 녹턴'SPINCYCLE YARNS Dyed In The Wool & Nocturne

섬유: 다이드 인 더 울: 100% 슈퍼워시 아메리칸 울
녹턴: 100% 메리노 울
굵기: 스포츠

타래 하나하나가 독특하고 색상이 매혹적이라 보기만 해도 즐거운 실입니다. 한 가지 색은 (중간 색상이 튀어나오기는 하지만) 상대적으로 밝은색을 골랐고 다른 하나는 상대적으로 어두운색을 골라 전체적으로 뚜렷한 대비를 이루게 했습니다. 편물을 떠가면서 색이 변화하고 섞이는 것을 지켜보는 재미가 있어요. 확실히 아주 독특한 실이지만 이렇게 서서히 색이 변하는 실이 여러분이 만들고자 하는 창의적인 느낌에 정확히 부합할지도 몰라요. 만약 한 타래에 밝은색과 어두운색이 모두 들어 있는 실을 고른다면 패턴이 확실하게 보이지 않는 부분도 생기겠지만, 그래도 여전히 아름다울 수 있답니다. 이 실 조합을 이용해 패턴 챕터에 실은 앵무조개 무늬 반장갑(120쪽)을 떴습니다.

헤더 컬러

허드슨+웨스트 '웰드'HUDSON+WEST CO. Weld
섬유: 70% 메리노 울, 30% 코리데일 울
굵기: 핑거링

균형이 잘 잡혀서 부드럽지만 표면이 거친 실입니다. 은은하게 색이 섞여 있는 헤더 컬러는 색에서 깊이감과 개성이 느껴집니다. 이 실은 반소모사라고 볼 수 있어요. 다시 말해 배색 시 스티치가 충분히 또렷해 보일 만큼 매끄러운 실이지만 장력을 일정하게 유지하기 어려울 정도로 미끄럽지는 않다는 뜻입니다.

토널 컬러

파머스 도터 '피슈쿤'THE FARMER'S DAUGHTER Pishkun
섬유: 100% 몬태나 & 와이오밍 랑부예 울
굵기: 헤비 DK/라이트 워스티드

랑부예 울은 메리노보다는 조금 덜 부드럽지만 탄성이 더 높습니다. 피슈쿤은 벨벳 같은 부드러움과 질감이 있는 실이에요. 스펀지 같은 폭신함과 탄력을 느낄 수 있어서 뜨기 즐거운 실입니다. 탄성이 있고 부드러워서 중간 두께의 스웨터를 뜨기 좋죠. 이 실로 한밤의 정원 풀오버(128쪽)를 떴습니다. 이 실로 뜬 배색 편물은 토널 컬러와 올록볼록한 질감 덕에 회화적인 느낌이 납니다. 토널 컬러란 동일한 색의 밝은 색조와 어두운 색조를 모두 가지고 있다는 뜻입니다. 이 샘플에서는 금색 실에서 가장 효과적으로 보여요.

배색 뜨기 팁

배색 뜨기 실력을 키워서 매끄럽고 고른 편물과 아름다운 스티치 패턴을 만들어내고 싶으세요? 여기 도움이 될 만한 다섯 가지 팁을 소개합니다.

바늘에 걸린 코를 넓게 퍼뜨려주세요. 평면 뜨기를 하든 원통 뜨기를 하든 직전에 뜬 코들을 넓게 퍼뜨리세요. 특히 한 가지 색으로 긴 영역을 뜬 다음 색상으로 교체할 때요. 배색 뜨기에서 흔히 발생하는 문제 중 하나가 바로 플로트float라고도 하는 뒷면에 가로로 걸친 실이 너무 짧다는 것입니다. 코를 넓게 퍼뜨리면 뒷면의 실이 딱 적당한 길이로 걸쳐집니다.

실 잡는 방법을 일정하게 유지하세요. 한 손에 한 가닥씩 잡고 뜰 수도 있고 두 가닥 모두 한 손에 잡고 뜰 수도 있습니다. 어느 쪽이든 작업하는 내내 실의 위치를 변함없이 유지하도록 신경 써주세요. 어두운색을 왼손에 잡고 밝은색을 오른손에 잡았다면 프로젝트 전체에서 이 방식을 유지합니다. 두 가닥 모두 한 손에 잡았다면 위에 오는 실과 아래에 오는 실은 항상 동일한 위치를 유지합니다. 실의 위치에 따라 각 코를 뜰 때 당겨지는 실의 양이 달라져요. 따라서 위치를 바꾸면 편물이 미묘하게 엉성해 보일 수 있습니다. 이 부분에 대해 더 자세히 알고 싶으면 기법 설명에서 '색 표현의 강약—컬러 도미넌스color dominance'를 찾아보세요.

바늘 끝으로 못생긴 코를 다듬어주세요. 고르지 않은 코, 주변에 비해 크거나 작은 코를 발견하면 바늘 끝을 사용해 길이가 짧은 쪽을 살짝 당겨줍니다. 옆의 느슨한 스티치에서 남는 실을 옮겨 빡빡하게 뜬 스티치를 다듬을 수 있어요. 광택이 있고 예쁘지만 미끄러워서 원하는 만큼 깔끔하게 뜨기 힘든 실을 사용할 때 유용한 방법이에요.

실타래를 분리해두세요. 실은 정말 빠르게 엉망으로 꼬일 수 있습니다. 저는 항상 한 타래는 몸 왼편에 두고 다른 한 타래는 오른편에 둬요. 그리고 꼬이기 시작하면 바로 풀어서 원래 있어야 할 자리로 되돌려놓습니다.

효과를 극대화하려면 아주 밝은 색과 아주 어두운 색으로 배색하세요. 색이 강하게 대비되면 패턴이 흐릿해 보이는 일을 막을 수 있습니다. 어느 정도로 대비되는지 알고 싶다면 두 색을 흑백 사진으로 찍어 나란히 두고 살펴보세요. 흑백 모드로 전환하면 색의 명암을 파악하기 쉽습니다.

그리고 마지막으로 보너스 팁을 드릴게요. 블로킹 이야기를 하지 않을 수 없거든요! 완성작이 마음에 드는지, 원하는 게이지로 떠졌는지 판단하기 전에 **편물을 블로킹하세요.** 단순히 물에 담가뒀다가 평평하게 펼쳐서 말리기만 하면 편물이 엄청나게 달라진답니다!

배색 뜨기 25

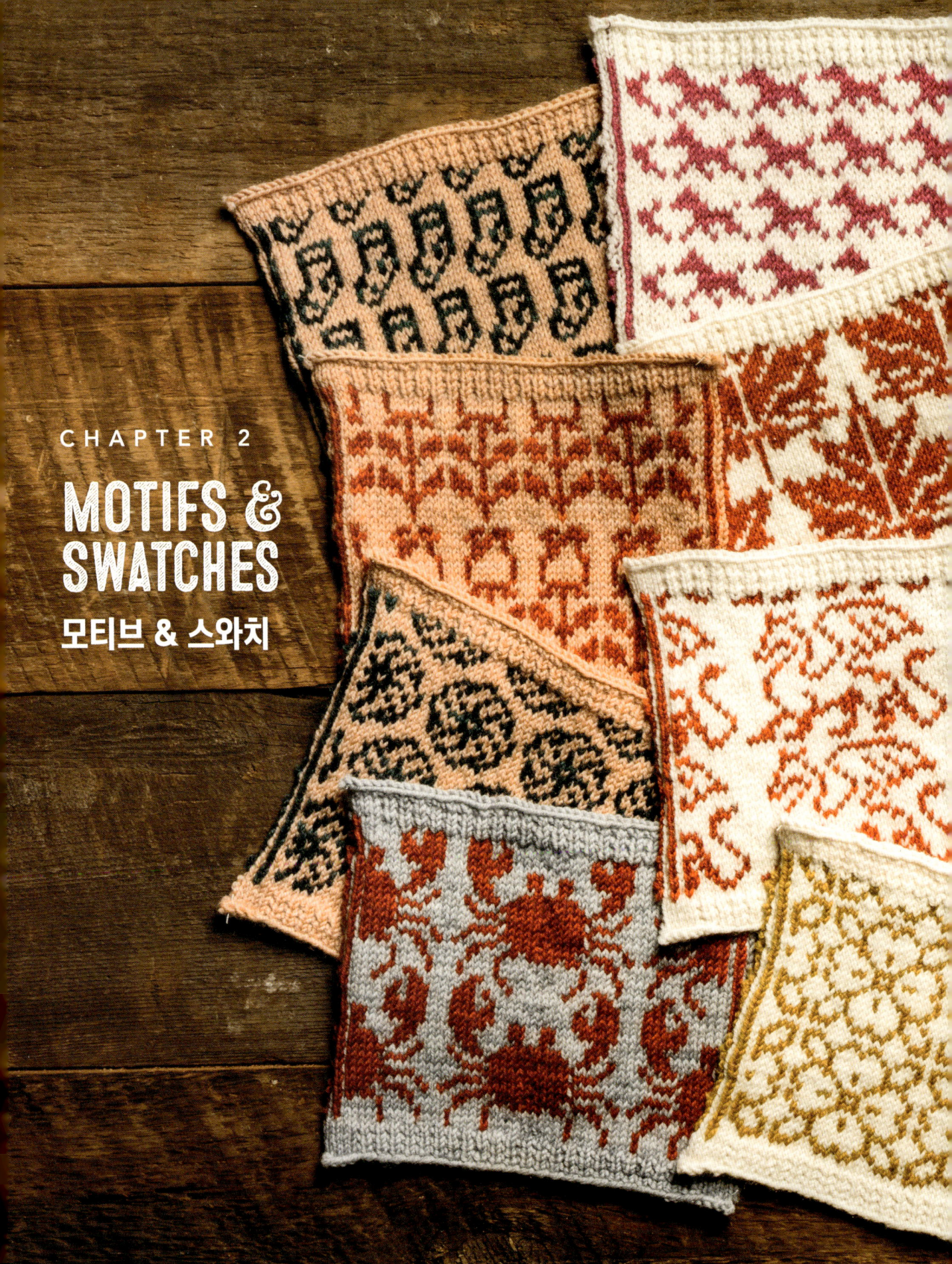

CHAPTER 2

MOTIFS & SWATCHES
모티브 & 스와치

큰 단풍잎 BIG LEAF MAPLE

필요한 콧수: 28의 배수 + 1코

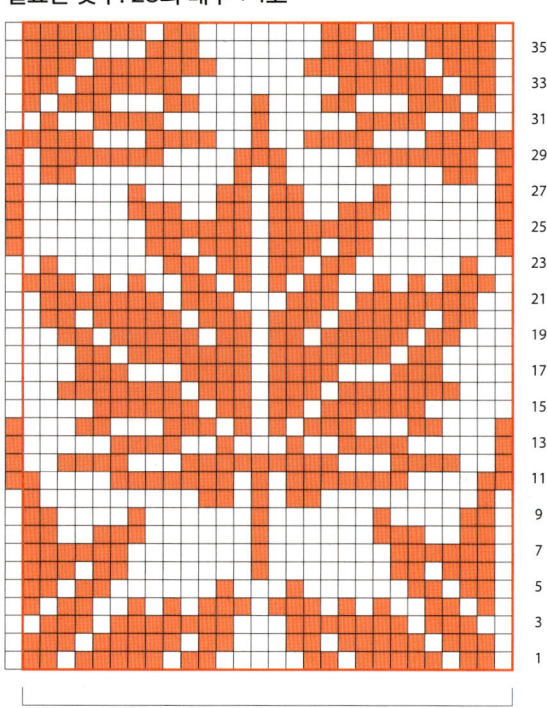

반복 구간: 28코 36단

오 캐나다 OH CANADA

필요한 콧수: 14의 배수 + 1코

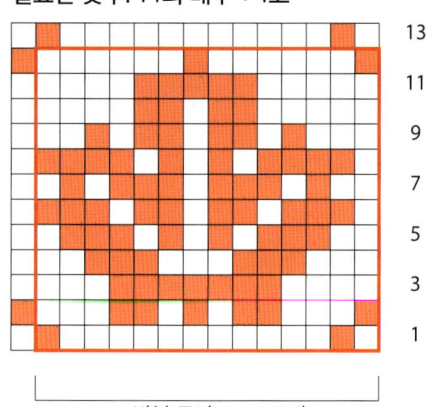

반복 구간: 14코 12단

필요한 콧수: 16의 배수 + 1코

반복 구간: 16코 24단

사시나무 ASPEN

필요한 콧수: 21의 배수 + 1코

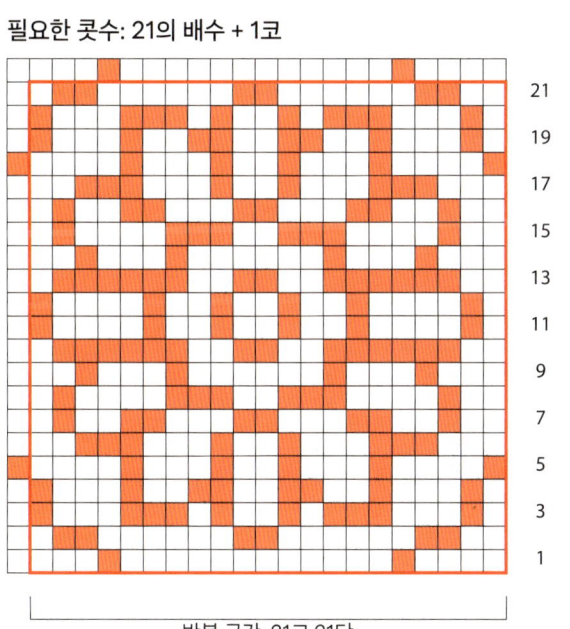

반복 구간: 21코 21단

데이지 DAISY

덴드로븀 DENDROBIUM

필요한 콧수: 16의 배수 + 1코

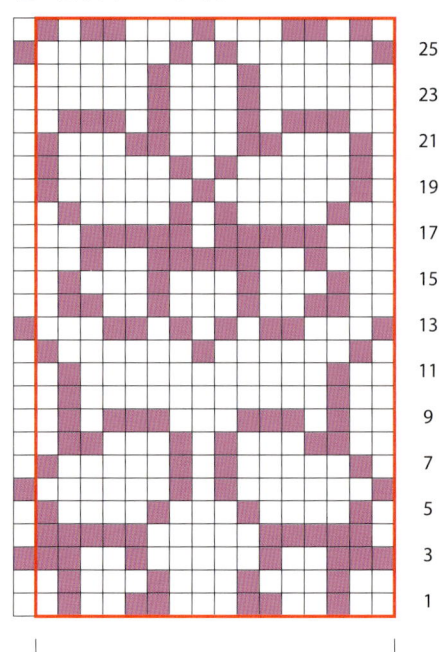

반복 구간: 16코 26단

수련 WATER LILY

필요한 콧수: 20의 배수 + 1코

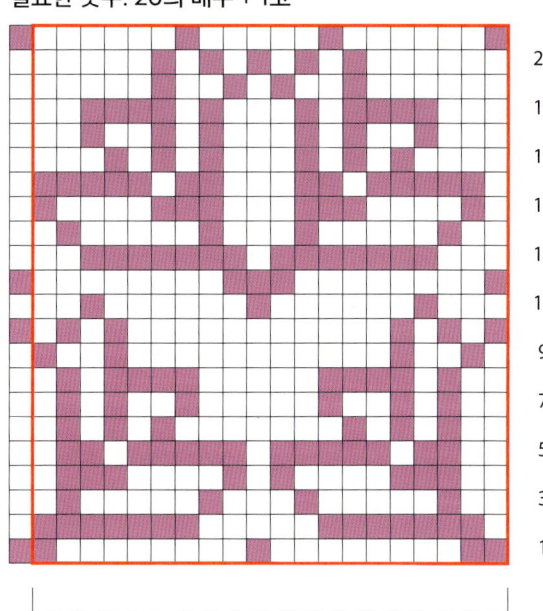

반복 구간: 20코 22단

필요한 콧수: 20의 배수 + 1코

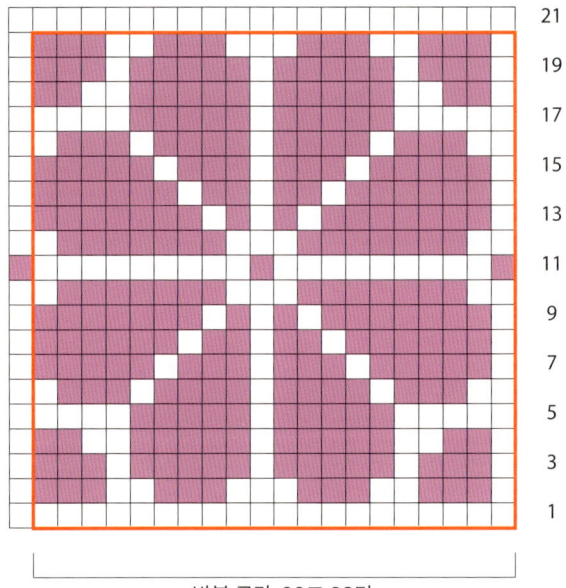

반복 구간: 20코 20단

분홍바늘꽃 WILLOWHERB

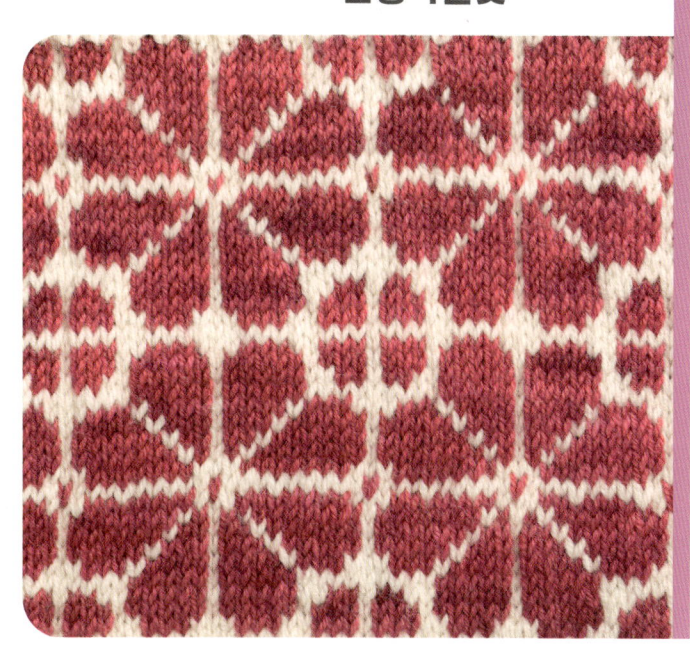

필요한 콧수: 8의 배수 + 1코

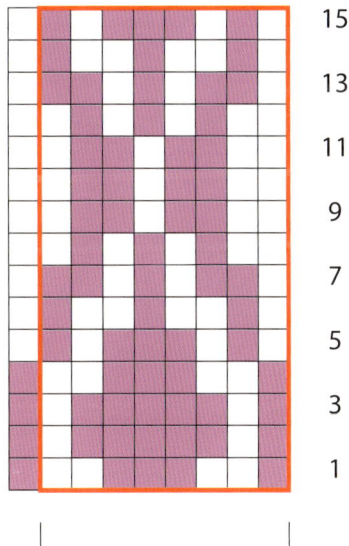

반복 구간: 8코 15단

아티팩트 ARTIFACT

그랑 로제 GRAND ROSE

필요한 콧수: 26의 배수 + 1코

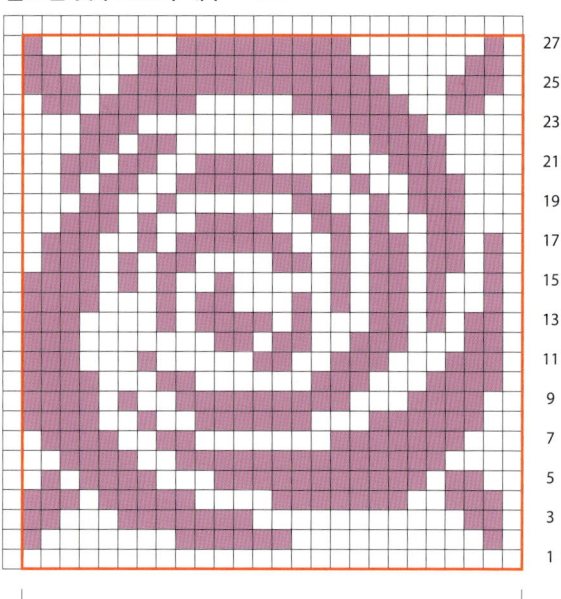

반복 구간: 26코 27단

모자이크 MOSAIC

필요한 콧수: 10의 배수 + 1코

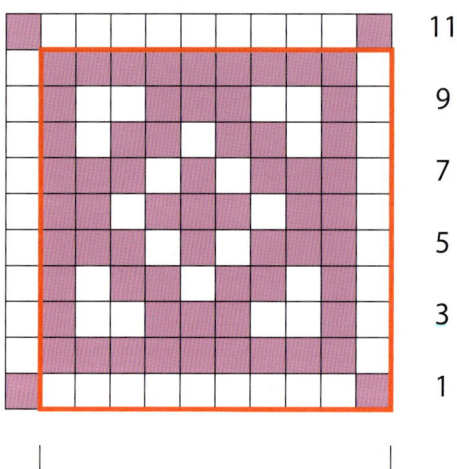

반복 구간: 10코 10단

필요한 콧수: 18코의 배수

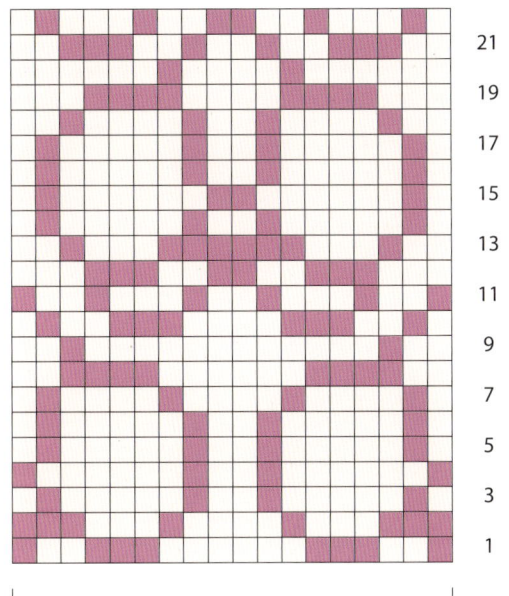

반복 구간: 18코 22단

호접란 MOTH ORCHID

필요한 콧수: 10의 배수 + 1코

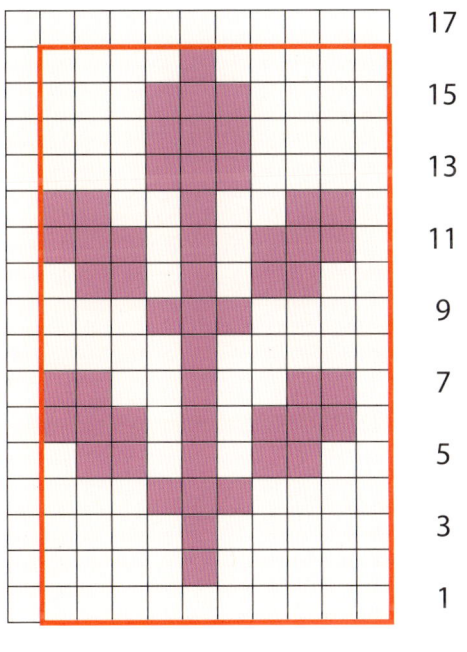

반복 구간: 10코 16단

작은 잎사귀 LEAFLETS

장미 ROSE

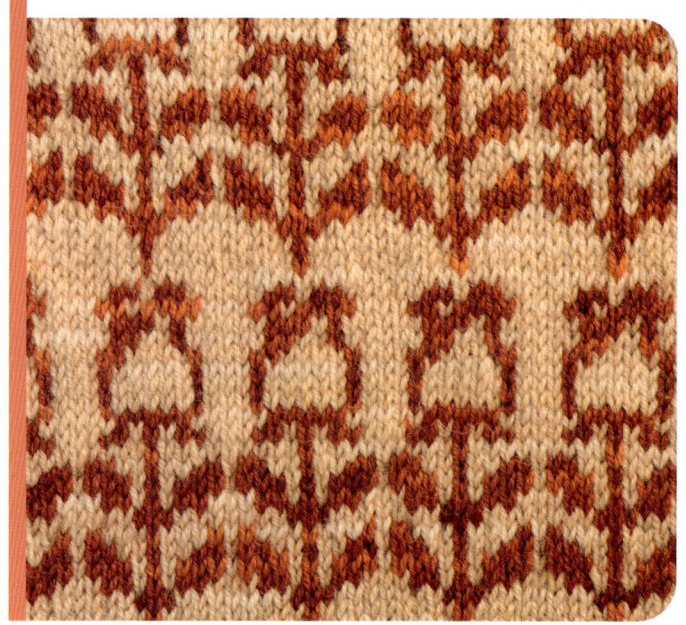

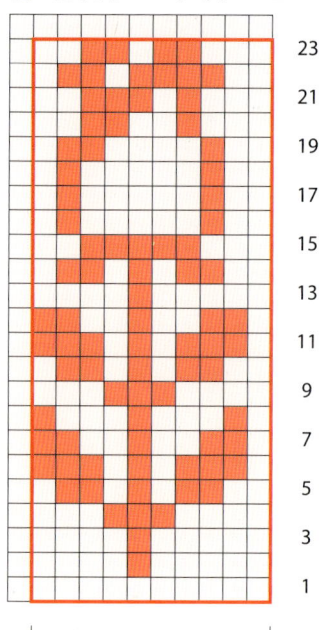

필요한 콧수: 10의 배수 + 1코

반복 구간: 10코 23단

사과나무 잎사귀 MALUS

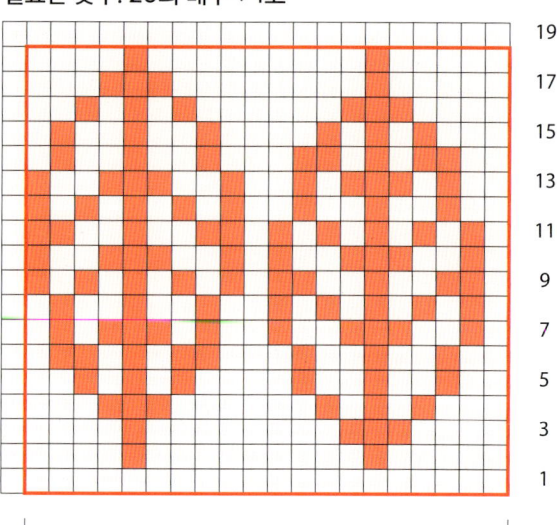

필요한 콧수: 20의 배수 + 1코

반복 구간: 20코 18단

필요한 콧수: 24의 배수 + 1코

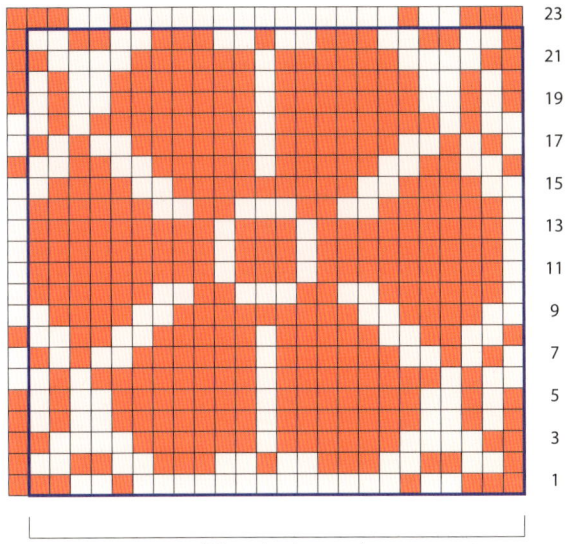

반복 구간: 24코 22단

양귀비 POPPY

필요한 콧수: 11의 배수

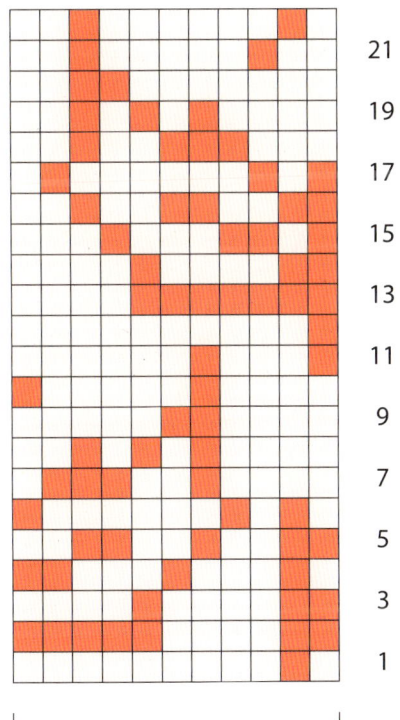

반복 구간: 11코 22단

가을 AUTUMN

모티브 & 스와치 35

개암나무 잎사귀 HAZELNUT

필요한 콧수: 14의 배수 + 1코

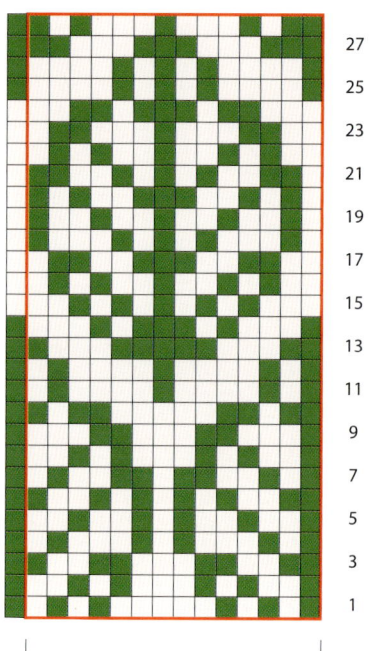

반복 구간: 14코 28단

떡잎 COTYLEDONS

필요한 콧수: 28의 배수 + 1코

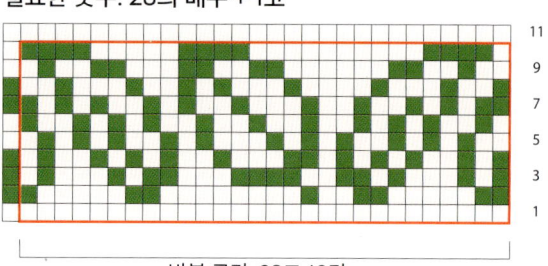

반복 구간: 28코 10단

필요한 콧수: 18의 배수 + 1코

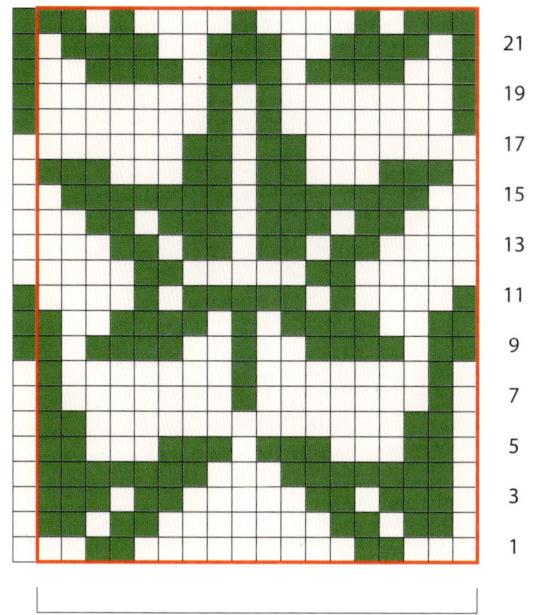

반복 구간: 18코 22단

풍나무 잎사귀 SWEETGUM

필요한 콧수: 20의 배수 + 1코

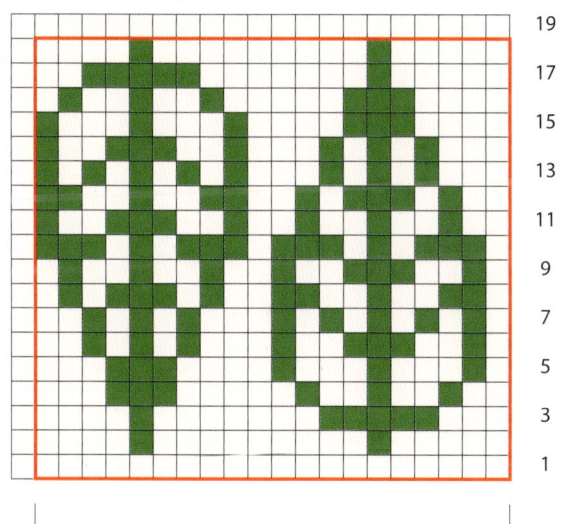

반복 구간: 20코 18단

벚나무 잎사귀 PRUNUS

모티브 & 스와치

자작나무 잎사귀 BIRCH

필요한 콧수: 14의 배수 + 1코

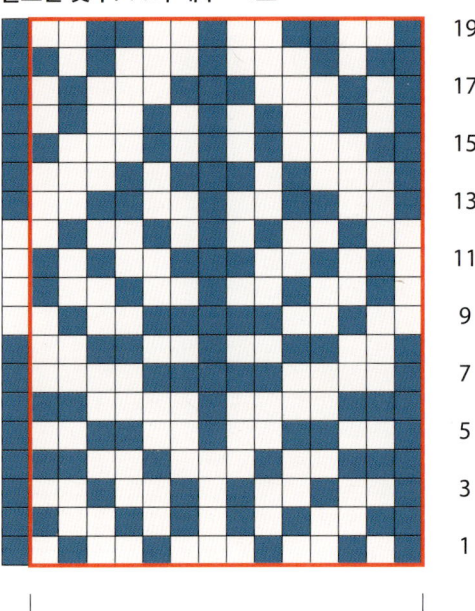

반복 구간: 14코 19단

반짝이는 크리스털 CRYSTALS IN LIGHT

필요한 콧수: 11의 배수

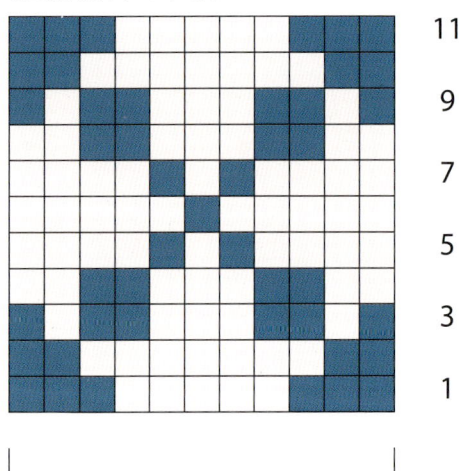

반복 구간: 11코 11단

필요한 콧수: 14의 배수 + 1코

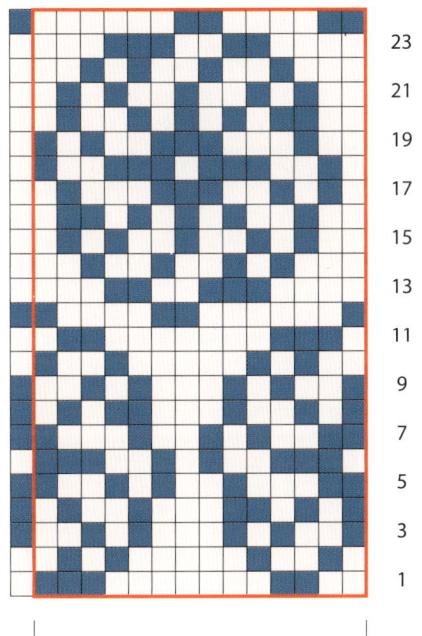

반복 구간: 14코 24단

크룰러도넛 CRULLER

필요한 콧수: 12의 배수

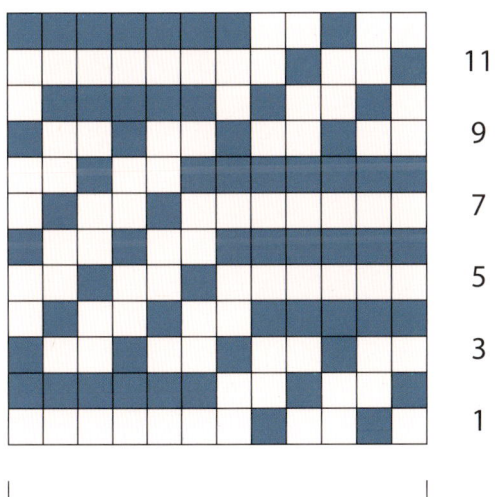

반복 구간: 12코 12단

상승 ELEVATION

백일홍 ZINNIA

필요한 콧수: 29의 배수 + 1코

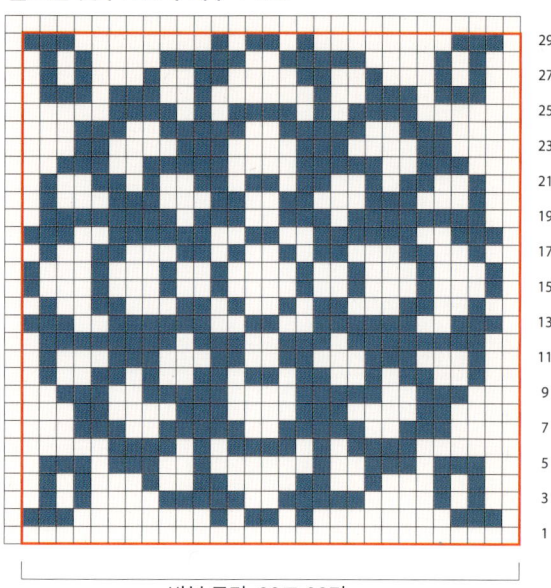

반복 구간: 29코 29단

잔가지 SPRIG

필요한 콧수: 30의 배수 + 1코

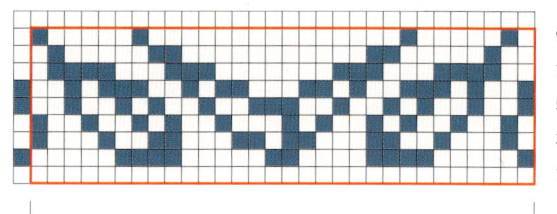

반복 구간: 30코 9단

필요한 콧수: 11의 배수

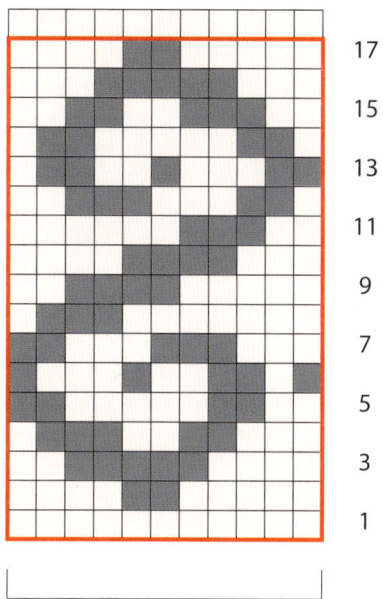

반복 구간: 11코 17단

가시나무 울타리 HEDGE OF THORNS

필요한 콧수: 16의 배수 + 1코

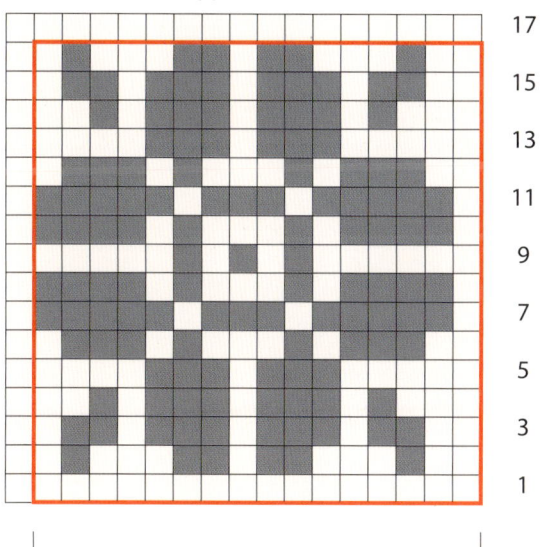

반복 구간: 16코 16단

카미소니아 CAMISSONIA

트위스트 TWIST

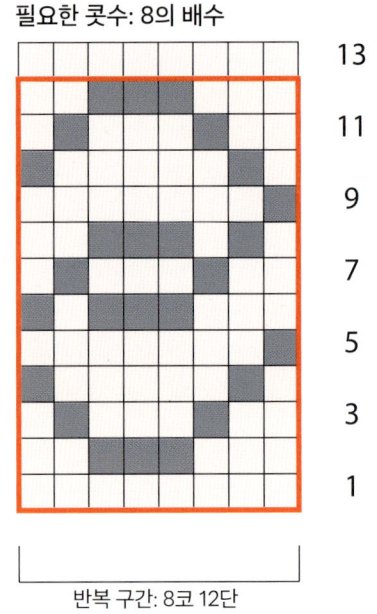

필요한 콧수: 8의 배수

반복 구간: 8코 12단

밀물과 썰물 EBB AND FLOW

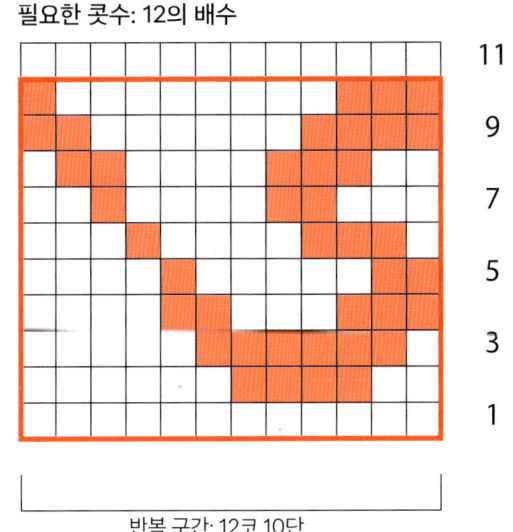

필요한 콧수: 12의 배수

반복 구간: 12코 10단

미늘 BARBS

필요한 콧수: 11의 배수

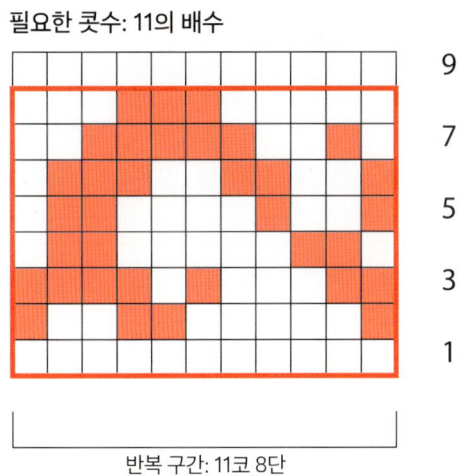

반복 구간: 11코 8단

산맥 지도 MAP OF MOUNTAINS

필요한 콧수: 16의 배수 + 1코

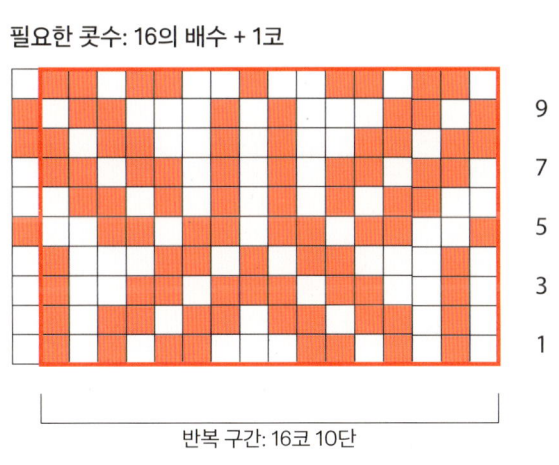

반복 구간: 16코 10단

국화 CHRYSANTHEMUM

필요한 콧수: 30의 배수 + 1코

반복 구간: 30코 30단

흩날리는 잎사귀 LEAVES IN THE WIND

필요한 콧수: 10의 배수

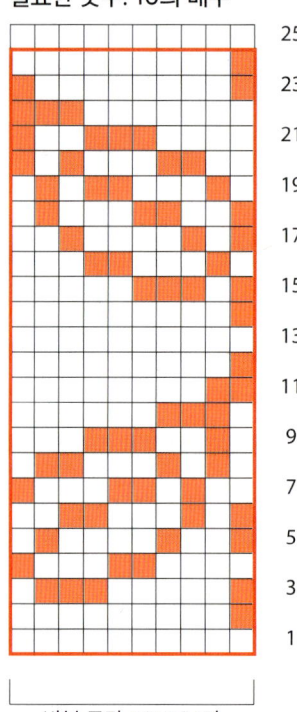

반복 구간: 10코 24단

필요한 콧수: 30의 배수 + 1코

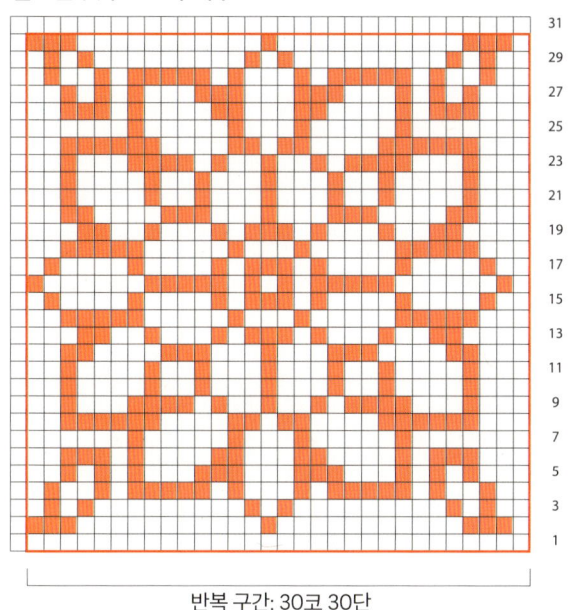

반복 구간: 30코 30단

작약 PEONY

필요한 콧수: 21의 배수 + 1코

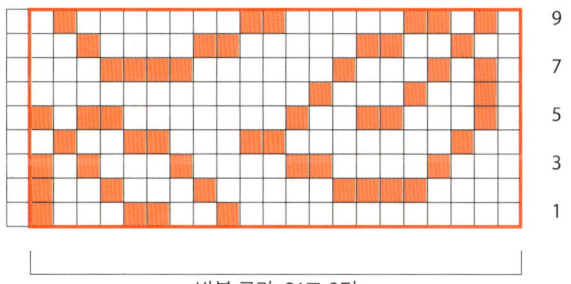

반복 구간: 21코 9단

겨울 소식 WINTER IS COMING

멀리서 본 나무들 DISTANT TREES

필요한 콧수: 10의 배수 + 1코

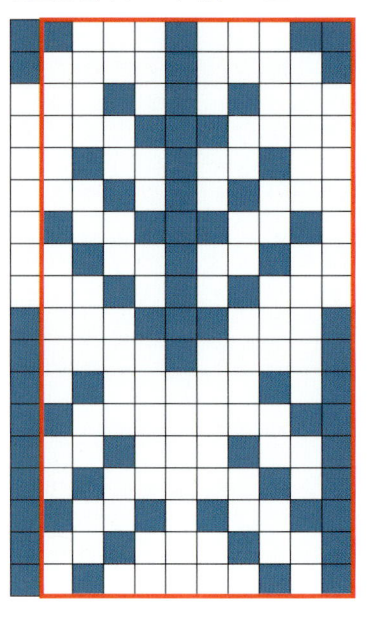

반복 구간: 10코 18단

잊힌 역사 FORGOTTEN HISTORY

필요한 콧수: 5의 배수 + 1코

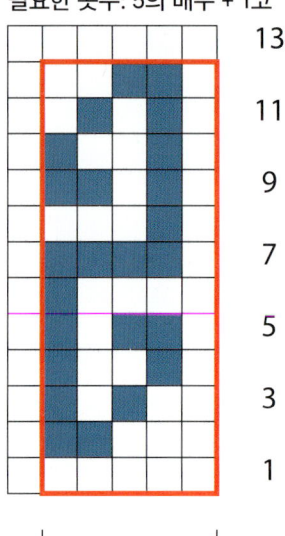

반복 구간: 5코 12단

필요한 콧수: 10의 배수

반복 구간: 10코 7단

충돌 CRASH

필요한 콧수: 6의 배수

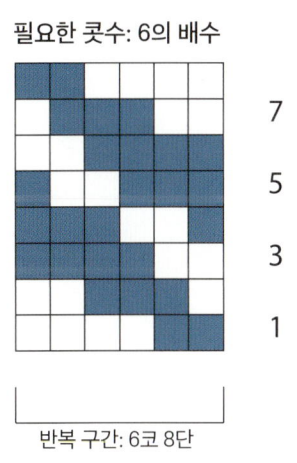

반복 구간: 6코 8단

균열 RIFT

철엽 IRON LEAF

필요한 콧수: 10의 배수 + 1코

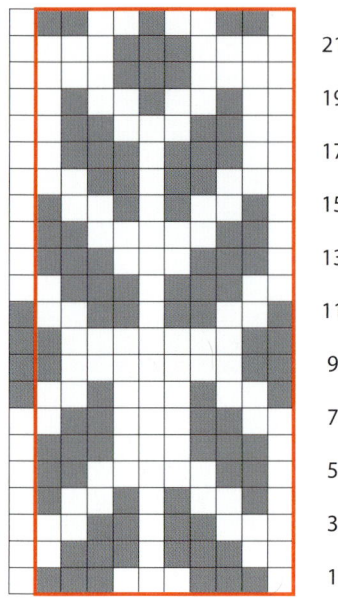

반복 구간: 10코 22단

아크로폴리스 ACROPOLIS

필요한 콧수: 8의 배수

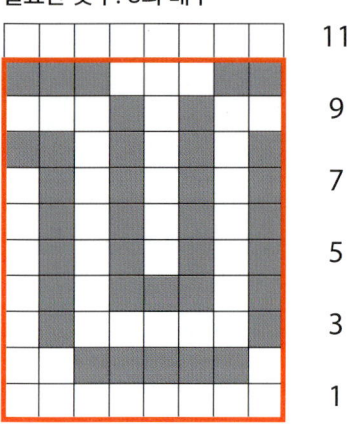

반복 구간: 8코 10단

필요한 콧수: 31의 배수

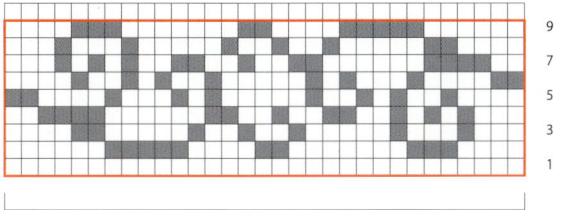

반복 구간: 31코 9단

흩날리는 연기 SMOKE IN THE WIND

도시 구획 CITY BLOCK

필요한 콧수: 10의 배수 + 1코

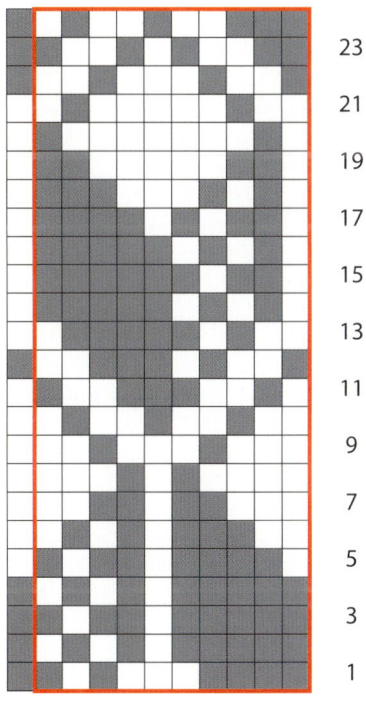

반복 구간: 10코 24단

모티브 & 스와치 49

프레스코 FRESCO

필요한 콧수: 22의 배수 + 1코

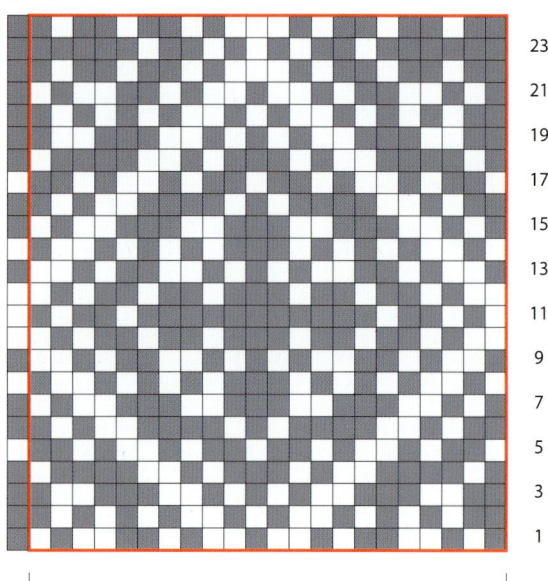

반복 구간: 22코 24단

개척자 TRAILBLAZER

필요한 콧수: 10의 배수 + 1코

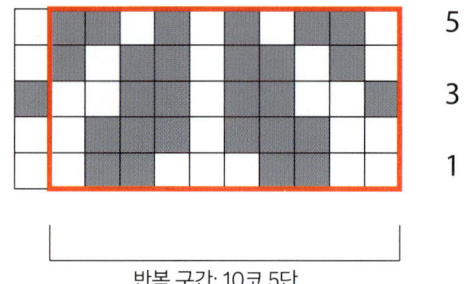

반복 구간: 10코 5단

필요한 콧수: 22의 배수 + 1코

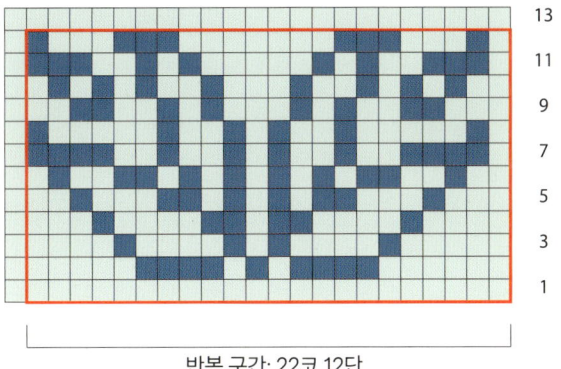

반복 구간: 22코 12단

새싹 NEW GROWTH

필요한 콧수: 14의 배수

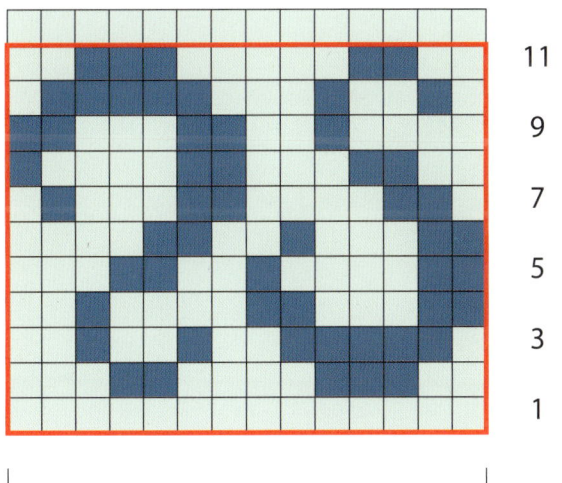

반복 구간: 14코 11단

갈고리 HOOKS

공작 PAVO

필요한 콧수: 12의 배수 + 1코

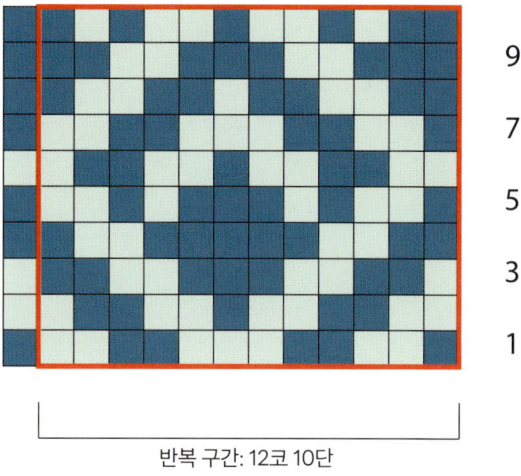

반복 구간: 12코 10단

아르테미스 ARTEMIS

필요한 콧수: 6의 배수

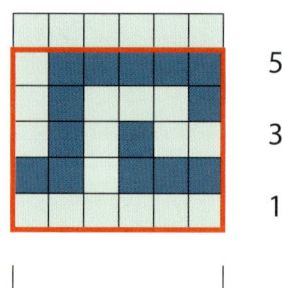

반복 구간: 6코 5단

필요한 콧수: 18의 배수

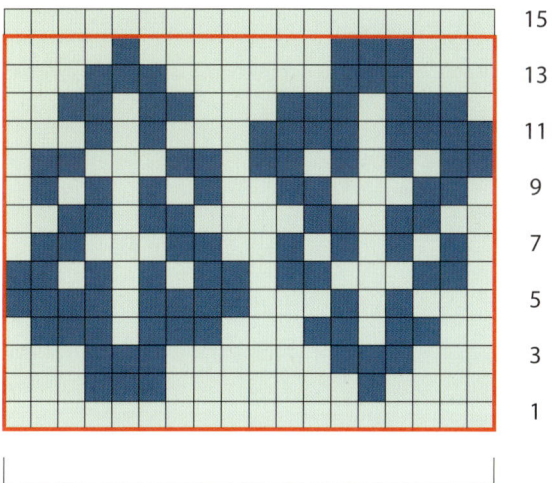

반복 구간: 18코 14단

작은 떡갈나무 잎 SMALL OAK

필요한 콧수: 18의 배수 + 1코

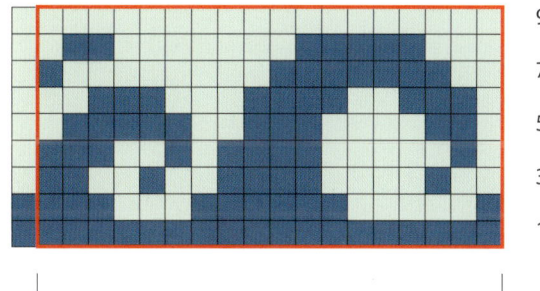

반복 구간: 18코 9단

파도 SURF

처음 BEGINNINGS

필요한 콧수: 30의 배수 + 2코

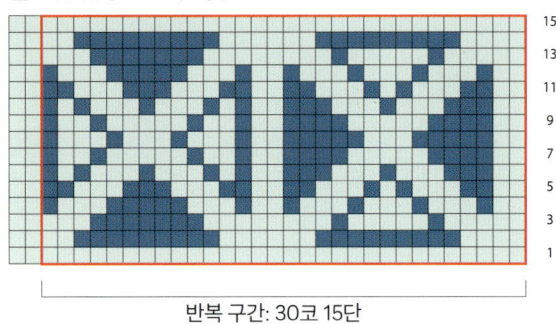

반복 구간: 30코 15단

회로 CIRCUIT

필요한 콧수: 12의 배수

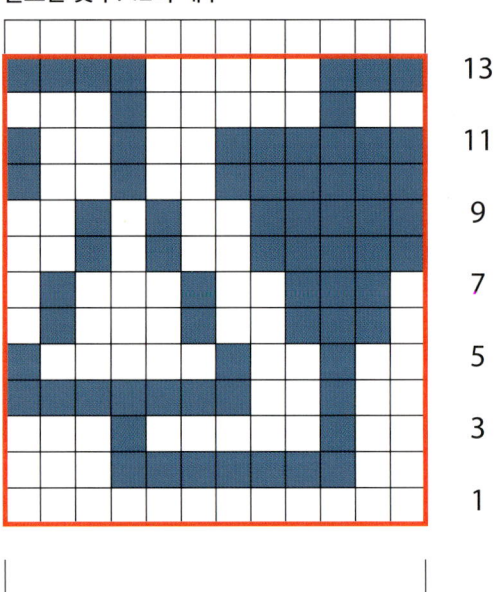

반복 구간: 12코 13단

분열 TORN

필요한 콧수: 10의 배수

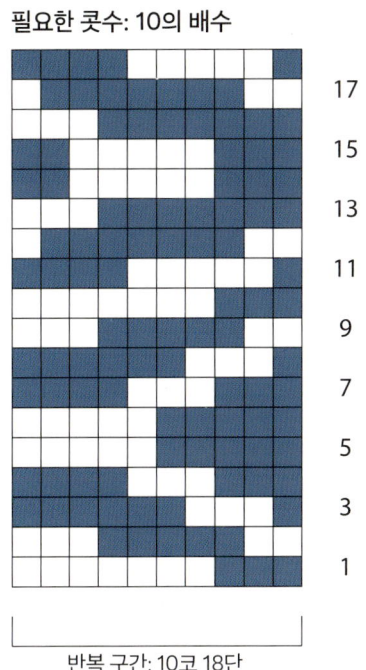

반복 구간: 10코 18단

퍼즐 PUZZLE

필요한 콧수: 13의 배수

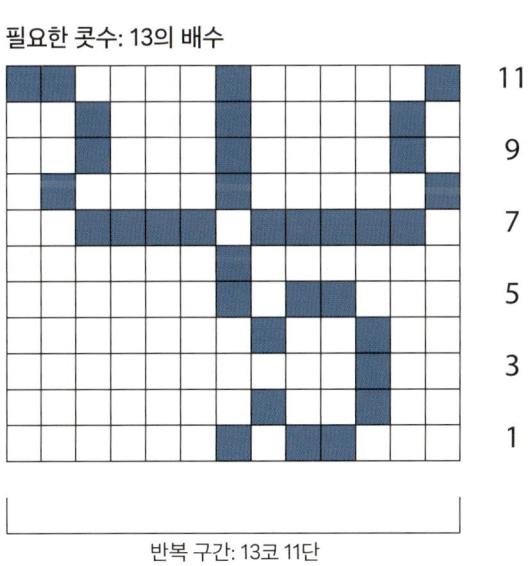

반복 구간: 13코 11단

눈송이 FLURRY

필요한 콧수: 14의 배수 + 1코

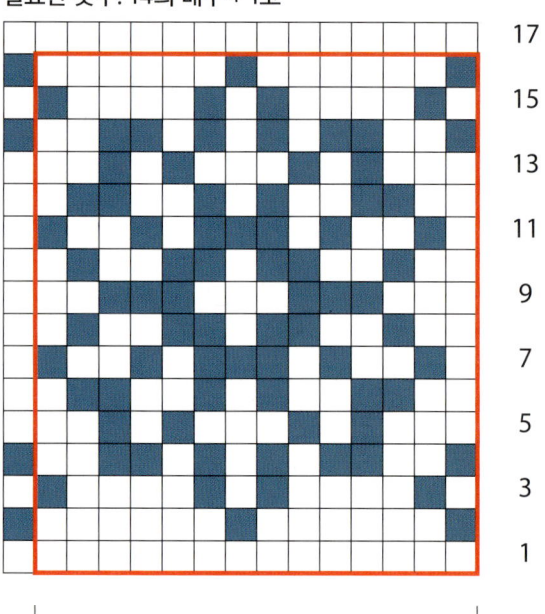

반복 구간: 14코 16단

도자기 CERAMIC

필요한 콧수: 14의 배수 + 1코

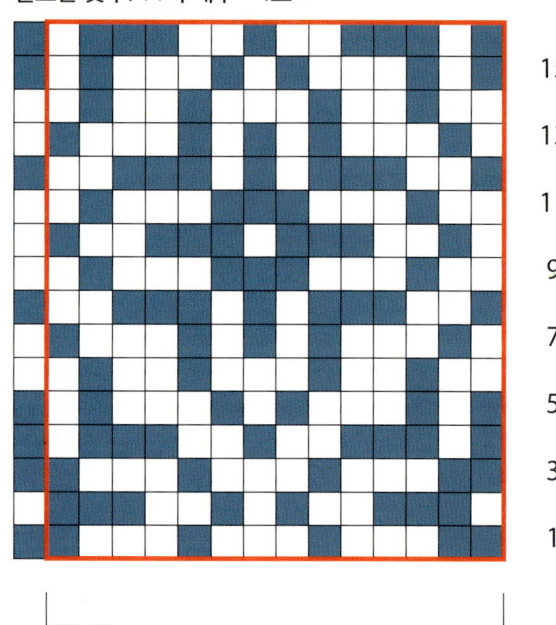

반복 구간: 14코 16단

필요한 콧수: 18의 배수 + 1코

반복 구간: 18코 14단

블루베리 VACCINIUM

필요한 콧수: 22의 배수 + 1코

반복 구간: 22코 40단

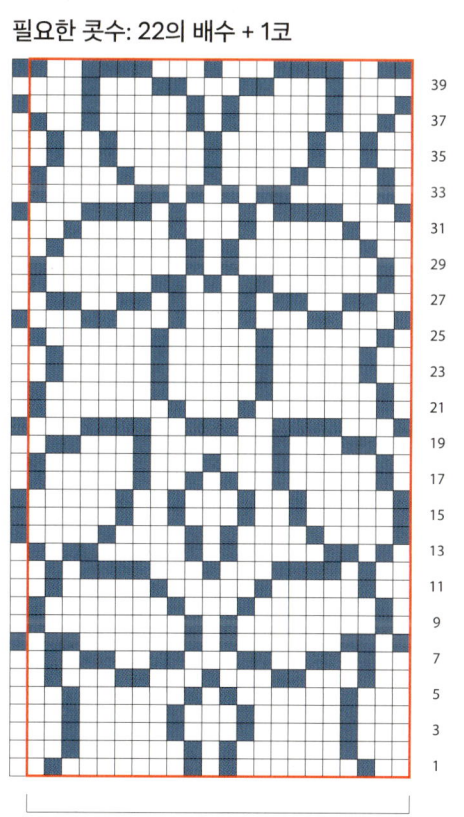

바닐라 VANILLA ORCHID

바람 WIND

필요한 콧수: 15의 배수

반복 구간: 15코 9단

초승달 CRESCENT MOON

필요한 콧수: 11의 배수 + 1코

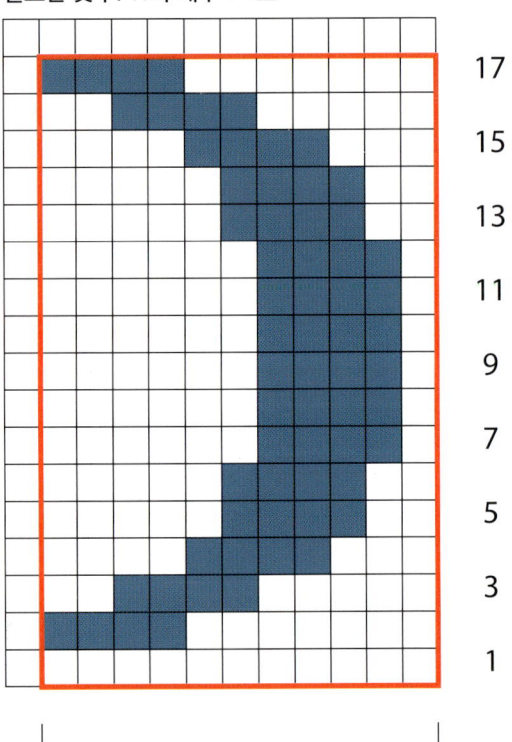

반복 구간: 11코 17단

고불고불 CRIMP

필요한 콧수: 16의 배수

반복 구간: 16코 12단

숏음 RISE

필요한 콧수: 8의 배수 + 1코

반복 구간: 8코 5단

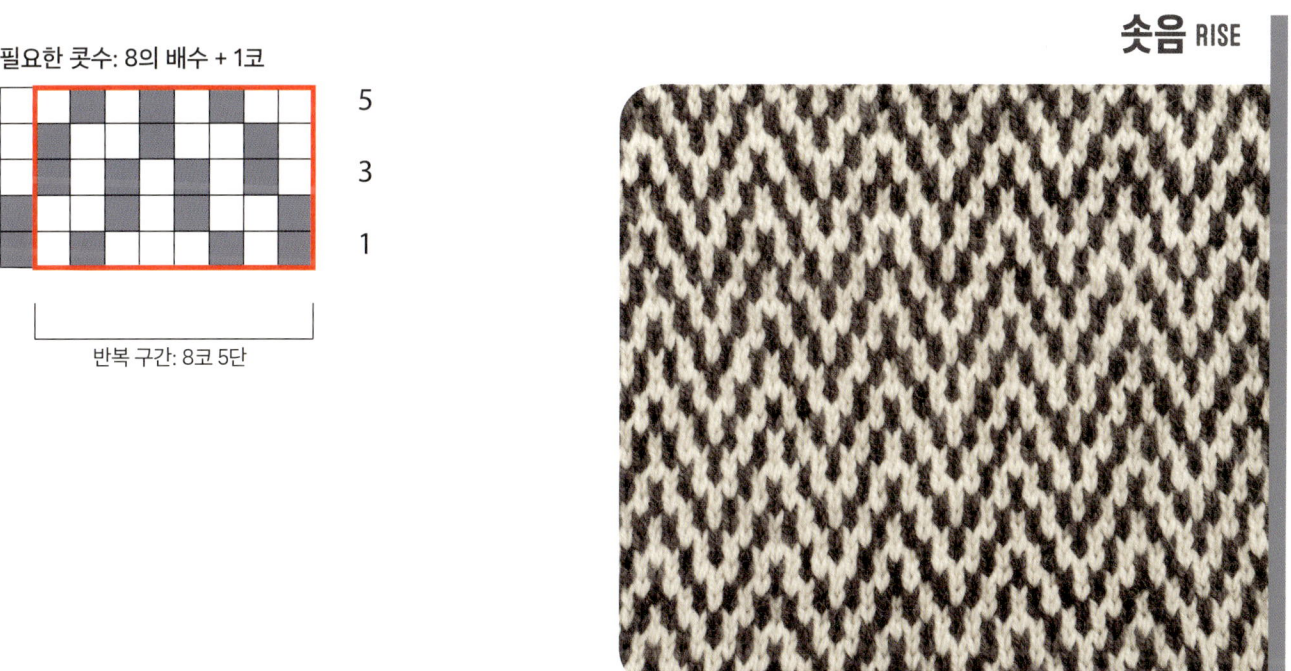

모티브 & 스와치

영원 FOREVER

필요한 콧수: 8의 배수

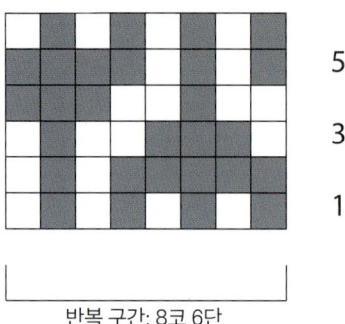

반복 구간: 8코 6단

요새 FORTRESS

필요한 콧수: 8의 배수 + 1코

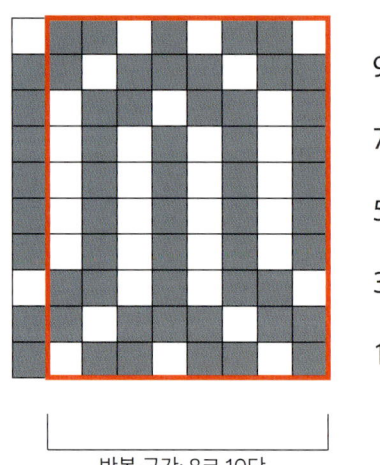

반복 구간: 8코 10단

필요한 콧수: 10의 배수 + 1코

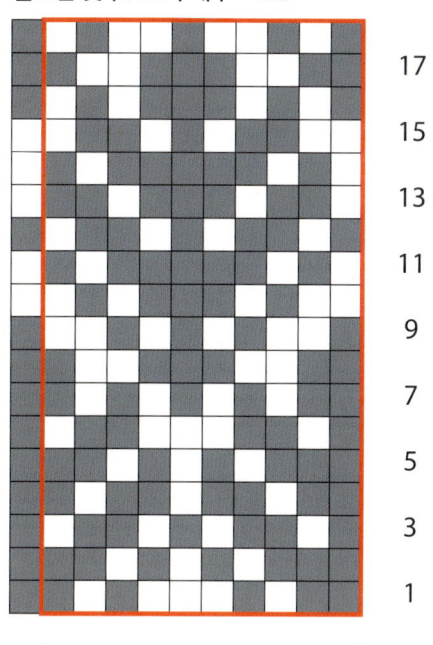

반복 구간: 10코 18단

깃털 FEATHER

필요한 콧수: 16의 배수

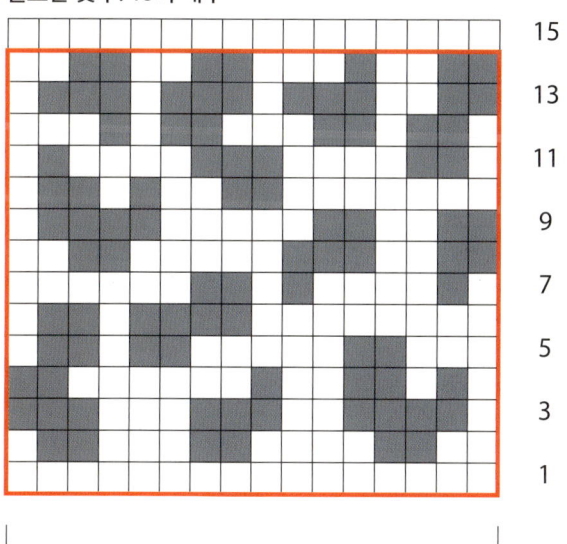

반복 구간: 16코 14단

치타 CHEETAH

덩굴시렁 TRELLIS

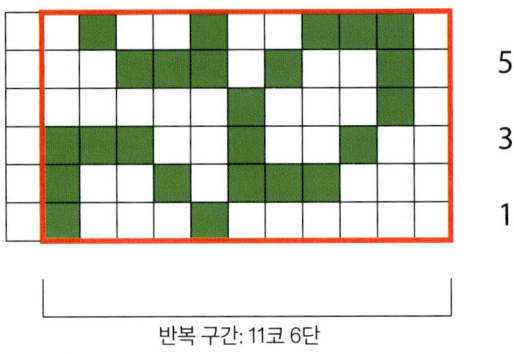

필요한 콧수: 11의 배수 + 1코

반복 구간: 11코 6단

큰 떡갈나무 잎 LARGE OAK

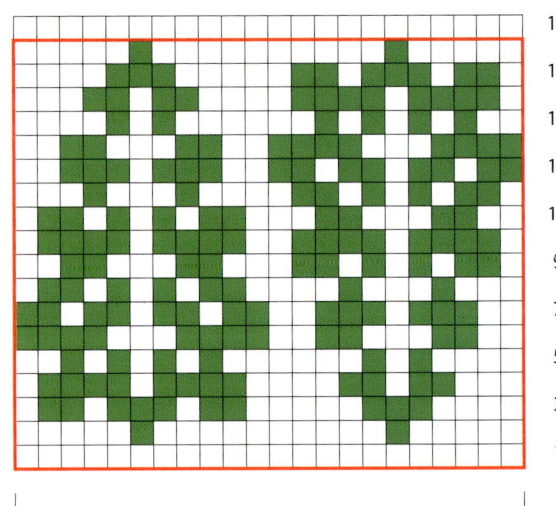

필요한 콧수: 22의 배수

반복 구간: 22코 18단

필요한 콧수: 29의 배수 + 1코

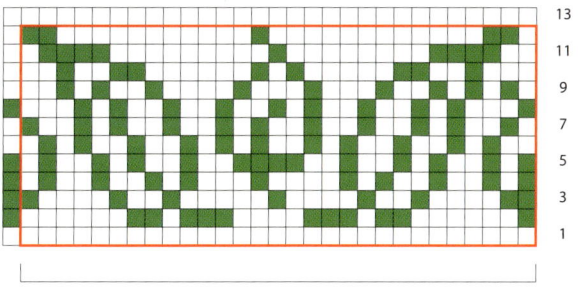

반복 구간: 29코 12단

봄의 징조 SIGNS OF SPRING

필요한 콧수: 30의 배수 + 1코

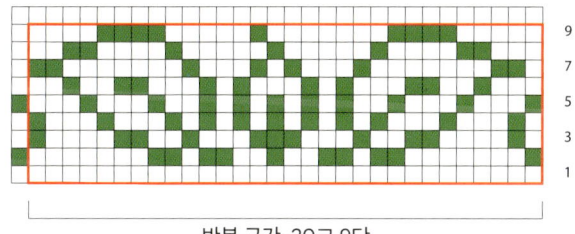

반복 구간: 30코 9단

층층의 나뭇잎 LAYERS OF LEAVES

블랙베리 잎사귀 BRAMBLE

필요한 콧수: 28의 배수 + 1코

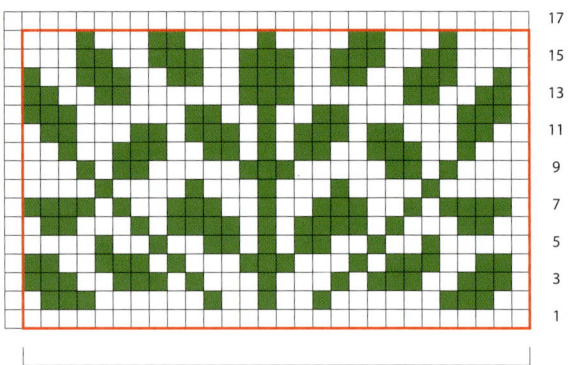

반복 구간: 28코 16단

덤불 THICKET

필요한 콧수: 10의 배수

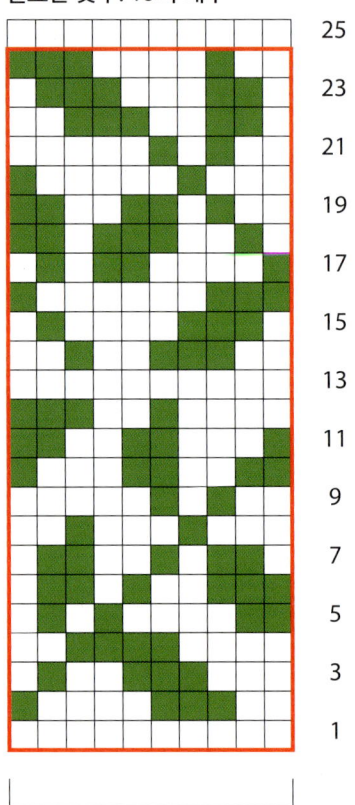

반복 구간: 10코 24단

필요한 콧수: 18의 배수 + 1코

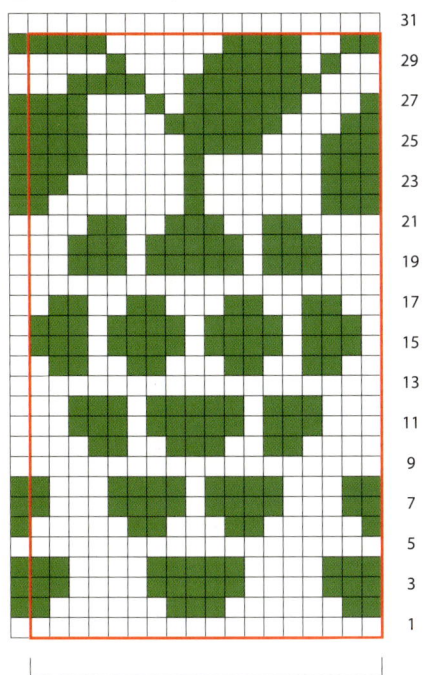

반복 구간: 18코 30단

필요한 콧수: 16의 배수 + 1코

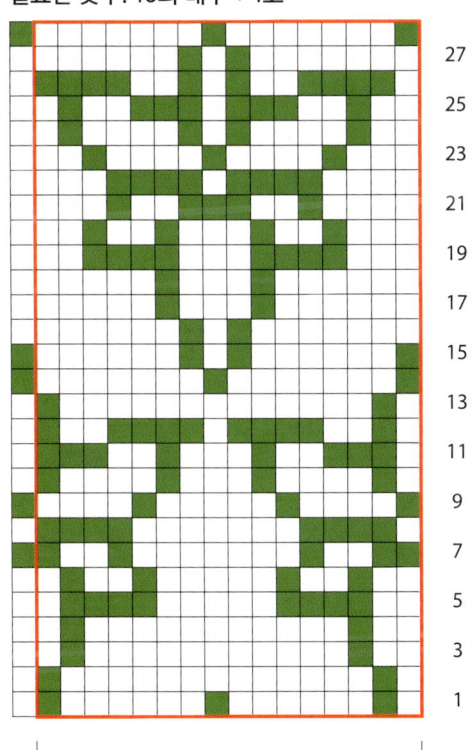

반복 구간: 16코 28단

포도 GRAPES

막실라리아 MAXILLARIA

모티브 & 스와치

몬스테라 MONSTERA

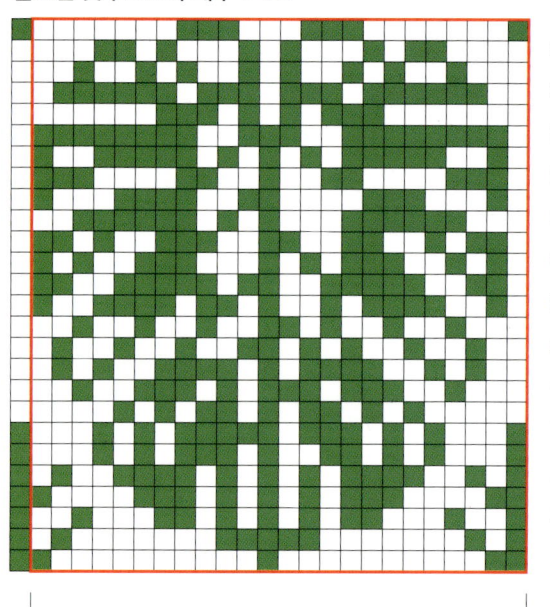

필요한 콧수: 24의 배수 + 1코

반복 구간: 24코 26단

헴프 HEMP

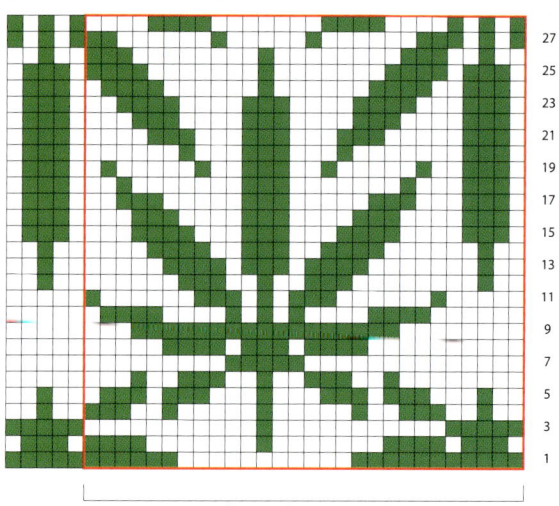

필요한 콧수: 28의 배수 + 5코

반복 구간: 28코 28단

필요한 콧수: 32의 배수 + 1코

장미 송이 ROSA

반복 구간: 32코 25단

필요한 콧수: 22의 배수

꿩의비름 STONECROP

반복 구간: 22코 34단

모티브 & 스와치

덩굴 단풍 VINE MAPLE

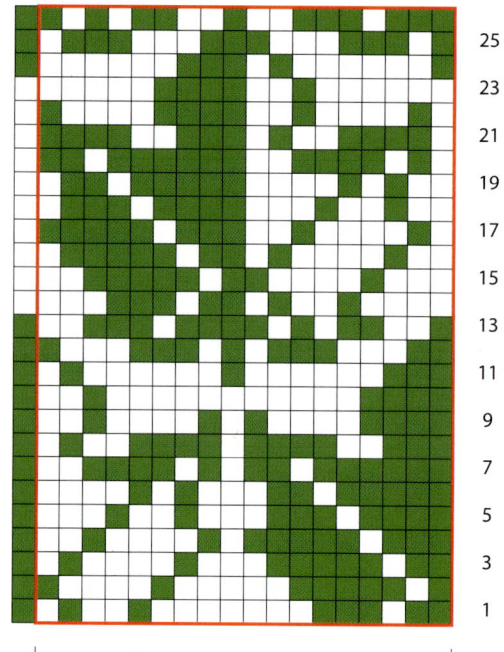

필요한 콧수: 18의 배수 + 1코

반복 구간: 18코 26단

세상의 끝 EDGE OF THE EARTH

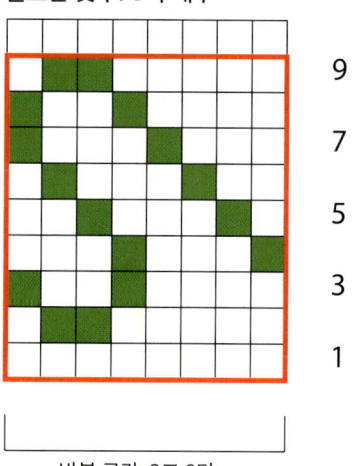

필요한 콧수: 8의 배수

반복 구간: 8코 9단

북부 THE NORTH

필요한 콧수: 31의 배수

반복 구간: 31코 16단

버터롤 BUTTER ROLLS

필요한 콧수: 16의 배수 + 1코

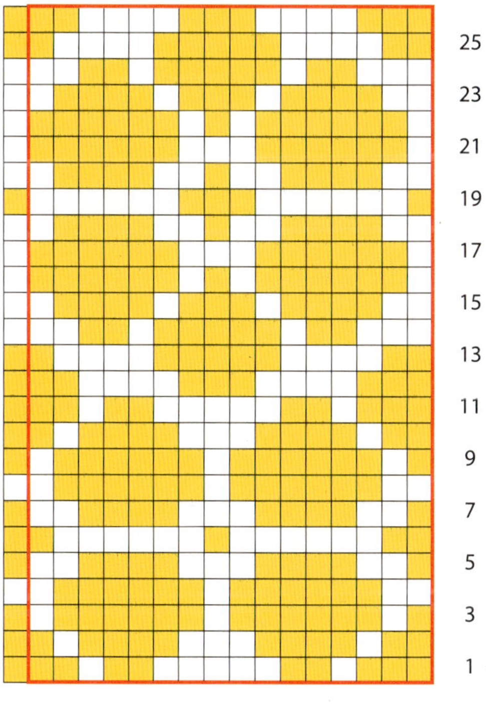

반복 구간: 16코 26단

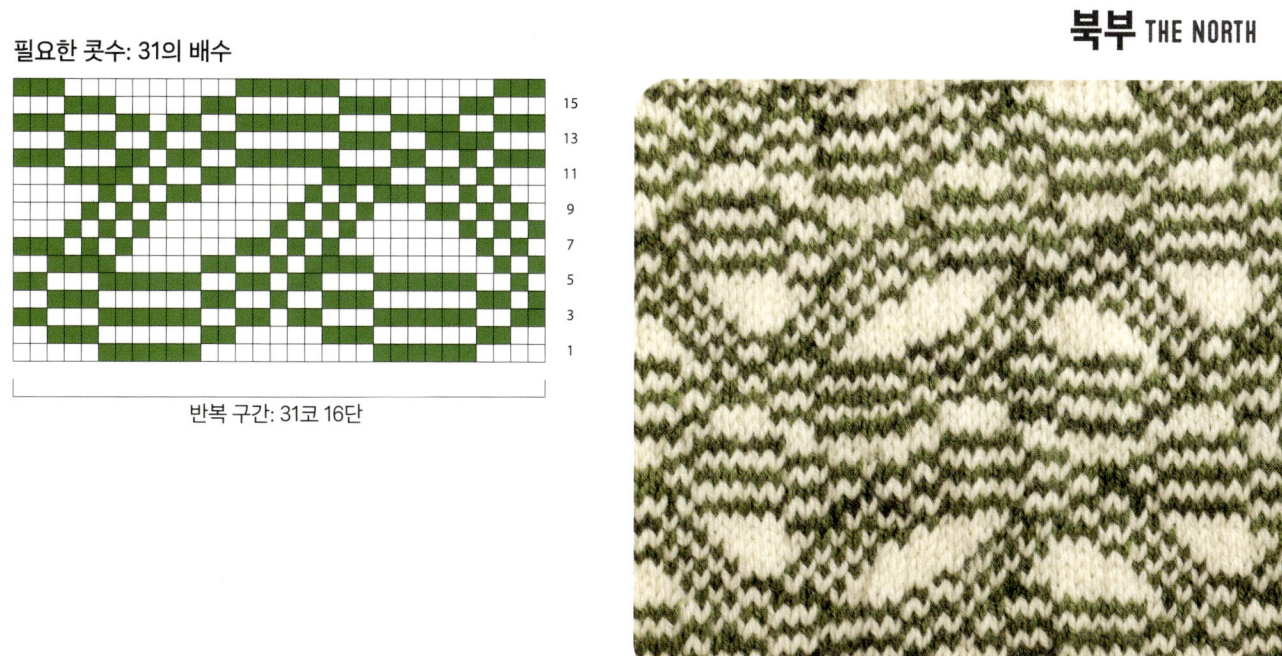

해바라기 SUNFLOWER

필요한 콧수: 26의 배수

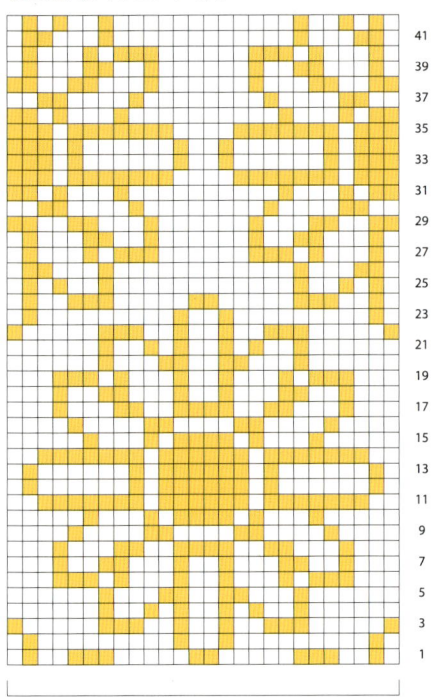

반복 구간: 26코 42단

유채꽃 BRASSICA

필요한 콧수: 18의 배수 + 1코

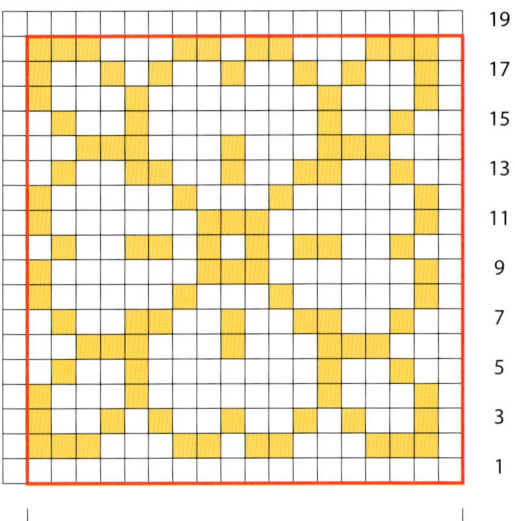

반복 구간: 18코 18단

필요한 콧수: 26의 배수 + 1코

반복 구간: 26코 46단

필요한 콧수: 14의 배수

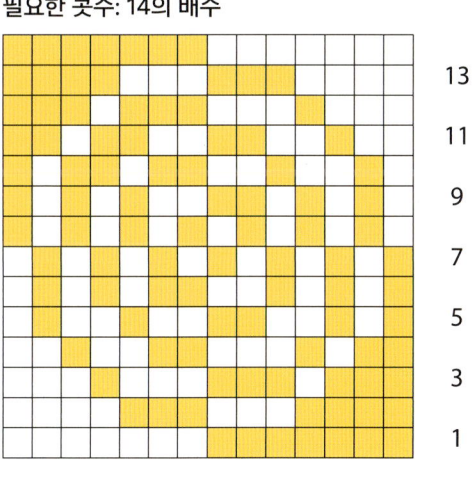

반복 구간: 14코 14단

금잔화 MARIGOLD

다중우주 MULTIVERSE

체리 CHERRIES

필요한 콧수: 15의 배수

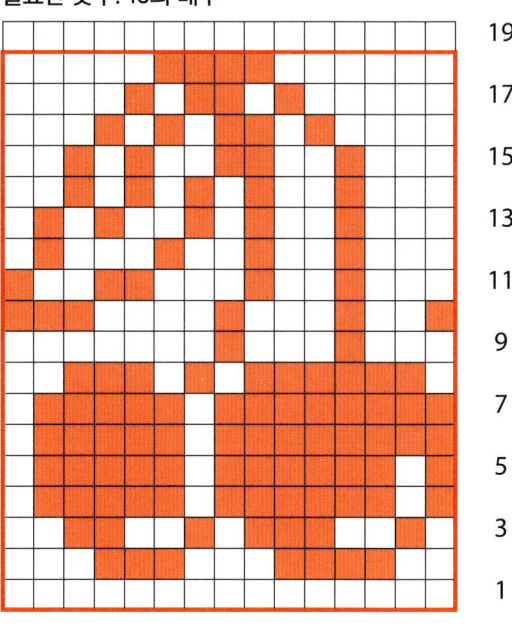

반복 구간: 15코 18단

지팡이사탕 CANDY CANE

필요한 콧수: 13의 배수

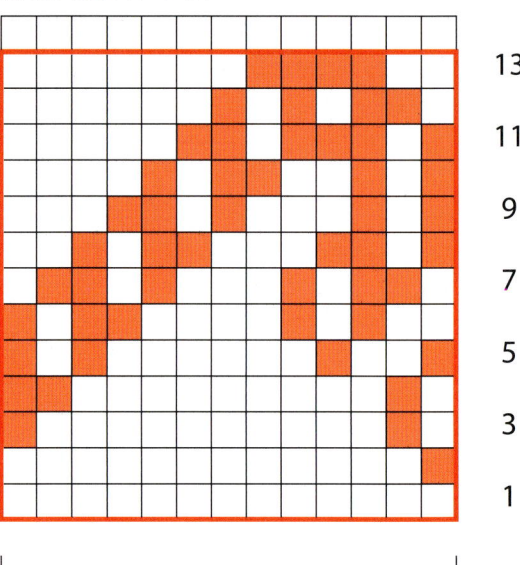

반복 구간: 13코 13단

필요한 콧수: 18의 배수

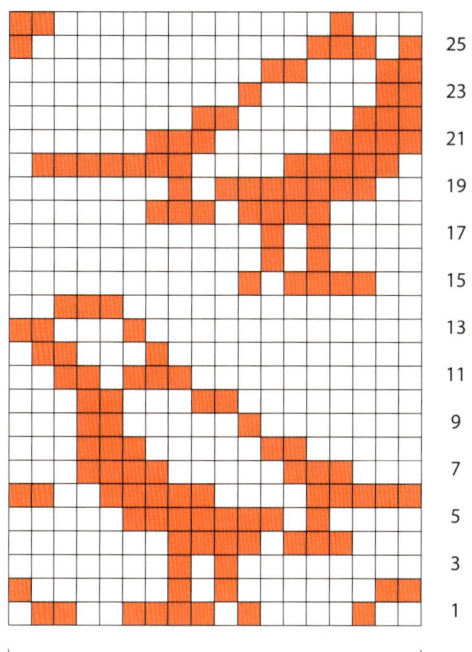

반복 구간: 18코 26단

새를 넣어봐 PUT A BIRD ON IT

필요한 콧수: 20의 배수

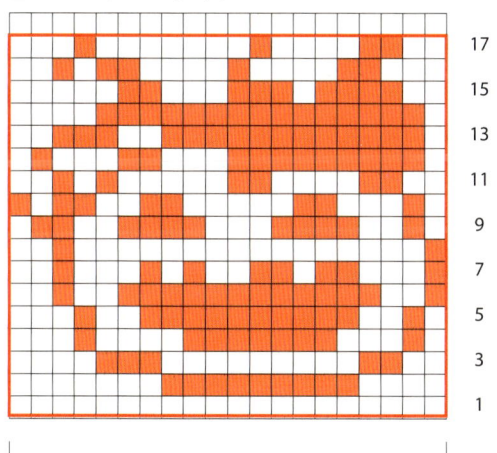

반복 구간: 20코 17단

현관 앞의 호박 ON THE PORCH

드래곤 DRAGON

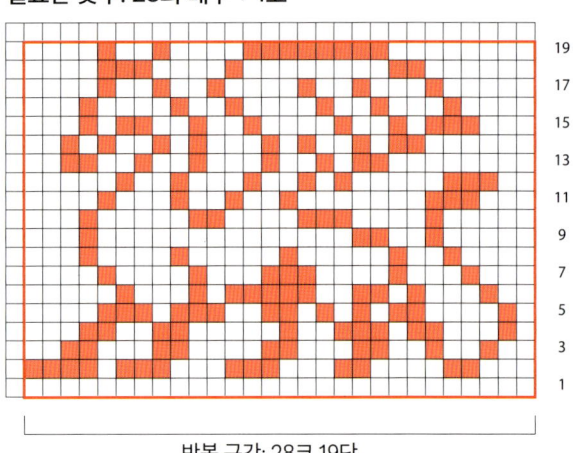

필요한 콧수: 28의 배수 + 1코

반복 구간: 28코 19단

치즈 대 생쥐 CHEESE VS. MOUSE

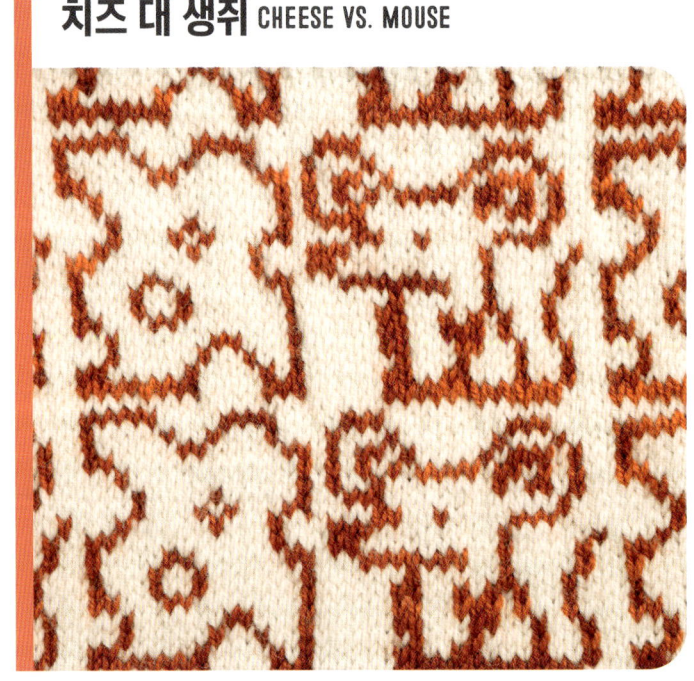

필요한 콧수: 35의 배수 + 1코

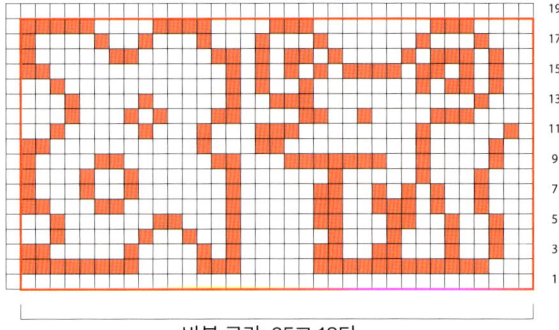

반복 구간: 35코 18단

음매 MOO

필요한 콧수: 26의 배수

반복 구간: 26코 21단

여우 FOX

필요한 콧수: 26의 배수

반복 구간: 26코 14단

모티브 & 스와치

전갈 SCORPION

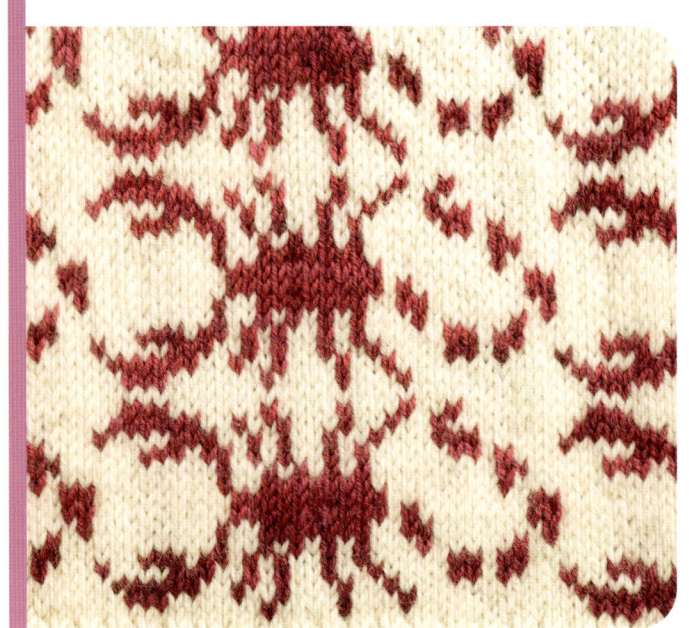

필요한 콧수: 30의 배수

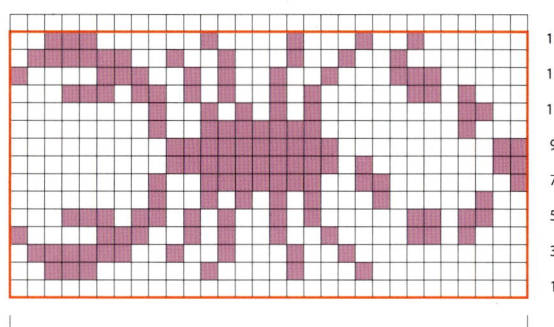

반복 구간: 30코 15단

조그만 조랑말 TINY PONY

필요한 콧수: 10의 배수

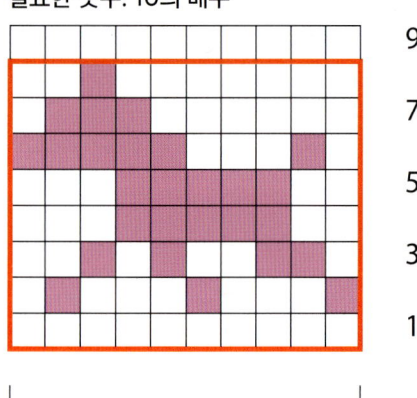

반복 구간: 10코 8단

필요한 콧수: 20의 배수 + 1코

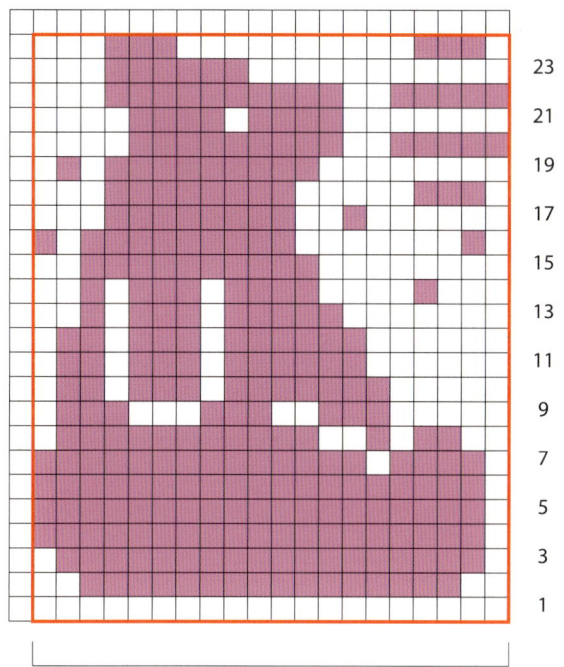

반복 구간: 20코 24단

곰곰이 생각하는 곰 PONDERING BEAR

필요한 콧수: 10의 배수 + 1코

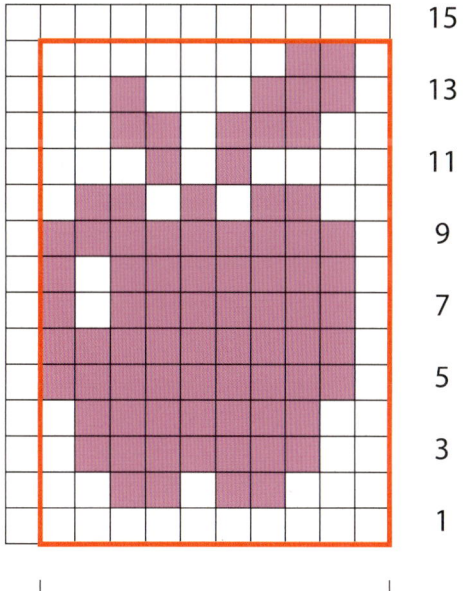

반복 구간: 10코 14단

사과 APPLE

입술 LIPS

필요한 콧수: 19의 배수 + 1코

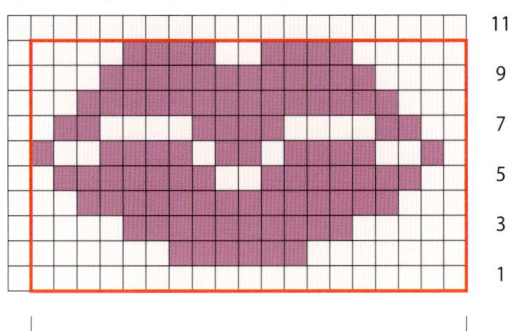

반복 구간: 19코 10단

딸기 STRAWBERRIES

필요한 콧수: 22의 배수

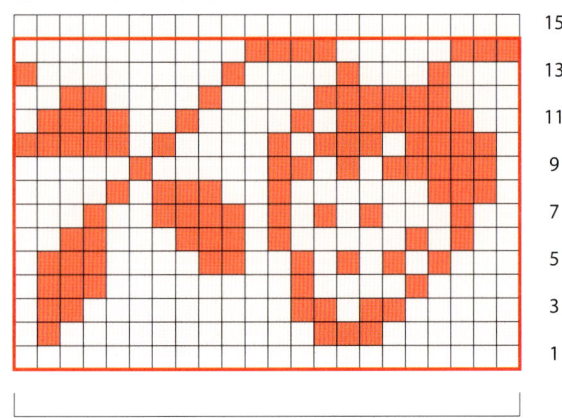

반복 구간: 22코 14단

작은 게 SMALL CRAB

필요한 콧수: 12의 배수 + 1코

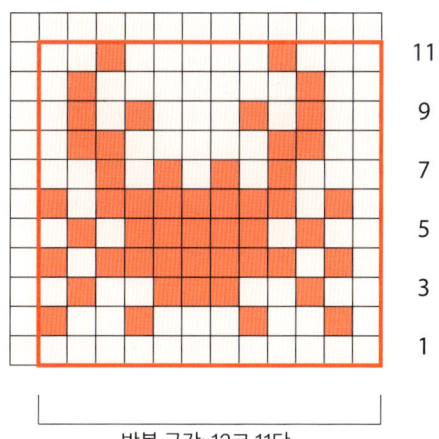

반복 구간: 12코 11단

뱀 SNAKES

필요한 콧수: 21의 배수

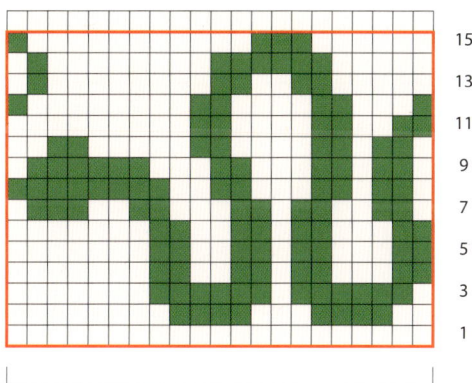

반복 구간: 21코 15단

티타임 SPOT OF TEA

필요한 콧수: 29의 배수 + 1코

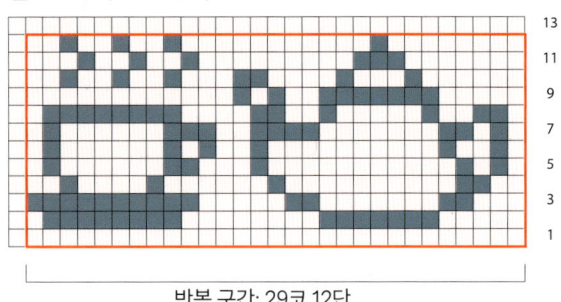

반복 구간: 29코 12단

발의 단짝 A FOOT'S BEST FRIEND

필요한 콧수: 8의 배수 + 1코

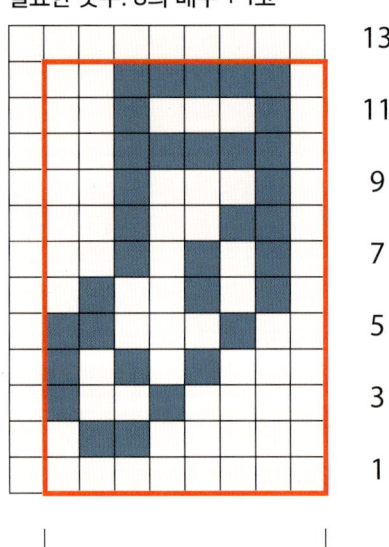

반복 구간: 8코 12단

필요한 콧수: 24의 배수 + 1코

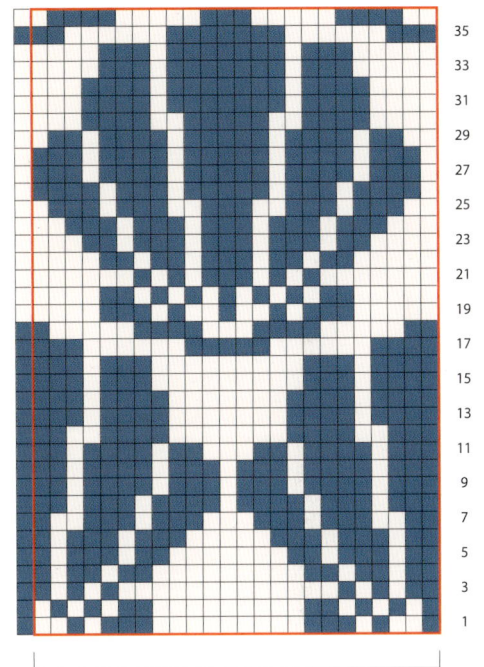

반복 구간: 24코 36단

조개 SHELLS

필요한 콧수: 20의 배수 + 1코

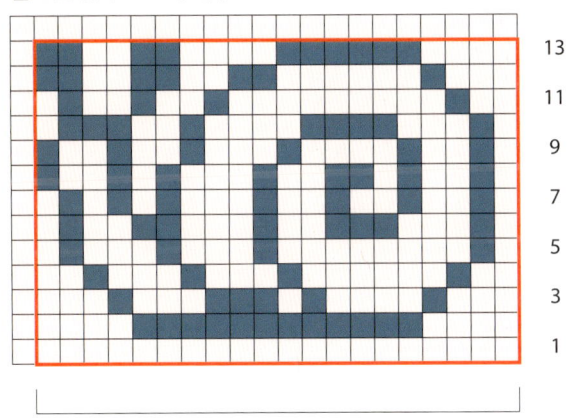

반복 구간: 20코 13단

달팽이 SNAIL

활 BOW

필요한 콧수: 12의 배수 + 1코

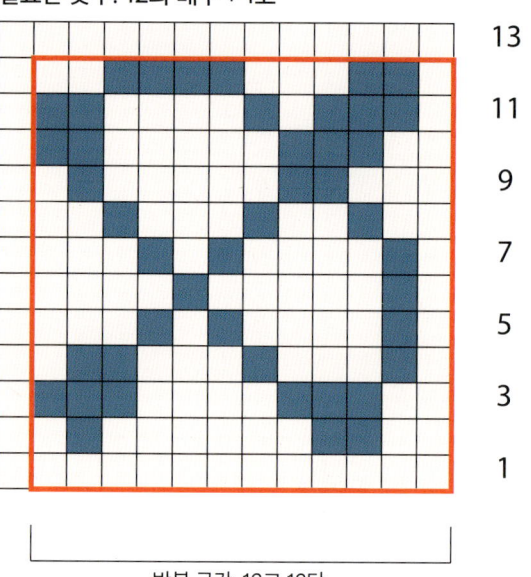

반복 구간: 12코 12단

작은 멍멍이 LITTLE YAPPY

필요한 콧수: 5의 배수 + 1코

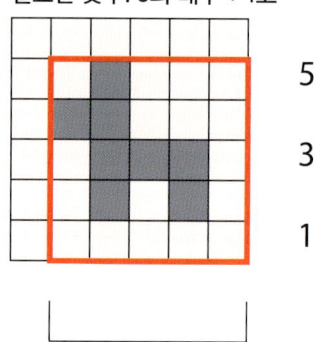

반복 구간: 5코 5단

필요한 콧수: 13의 배수 + 1코

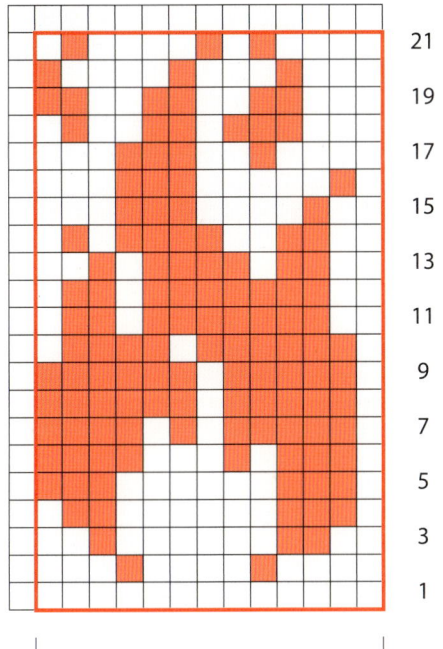

반복 구간: 13코 21단

불길 BLAZE

필요한 콧수: 18의 배수 + 1코

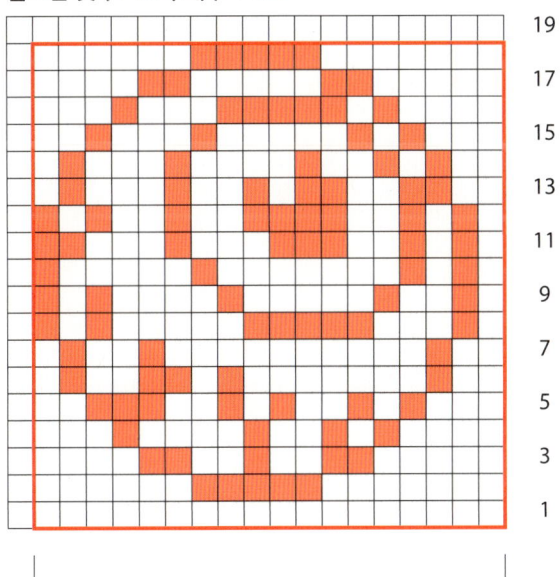

반복 구간: 18코 18단

눈알 EYEBALL

생강과자 인형 GINGERBREAD PERSON

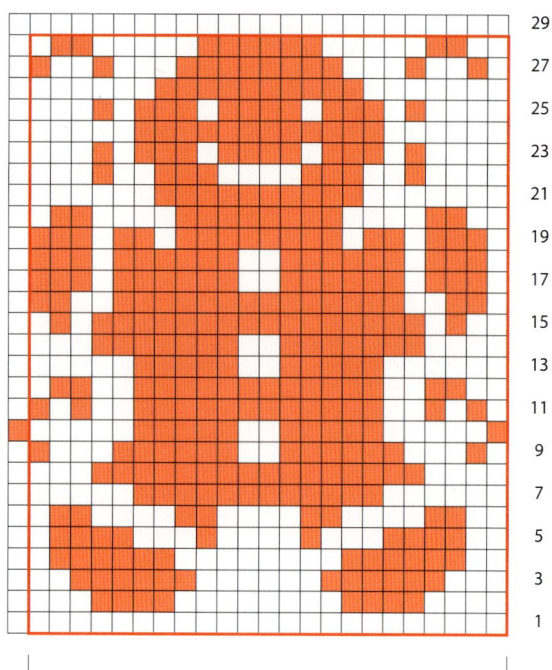

필요한 콧수: 23의 배수 + 1코

반복 구간: 23코 28단

큰 게 BIG CRAB

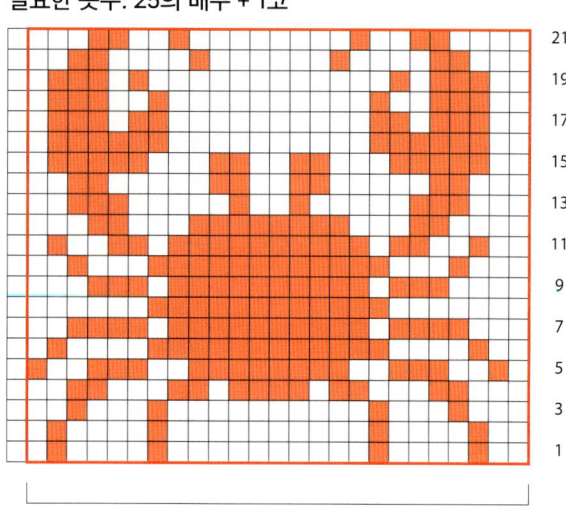

필요한 콧수: 25의 배수 + 1코

반복 구간: 25코 21단

필요한 콧수: 10의 배수 + 1코

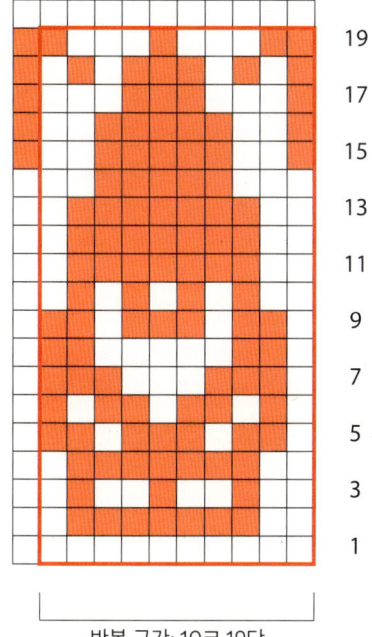

반복 구간: 10코 19단

정원 요정 GARDEN GNOME

필요한 콧수: 29의 배수

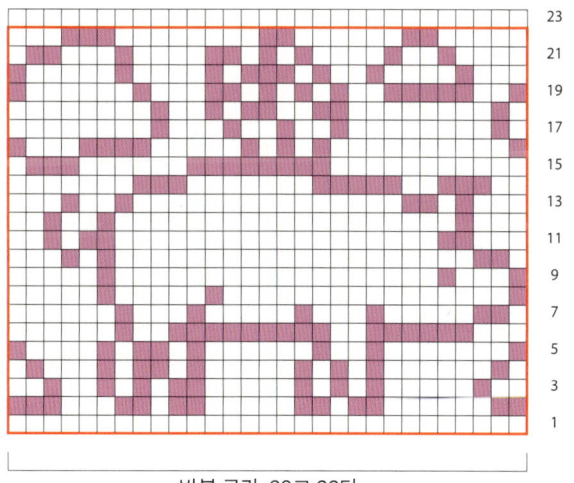

반복 구간: 29코 22단

돼지 날다 JUST A LITTLE AIRBORNE

모티브 & 스와치

포스트 아포칼립스 POST-APOCALYPTIC

필요한 콧수: 12의 배수 + 1코

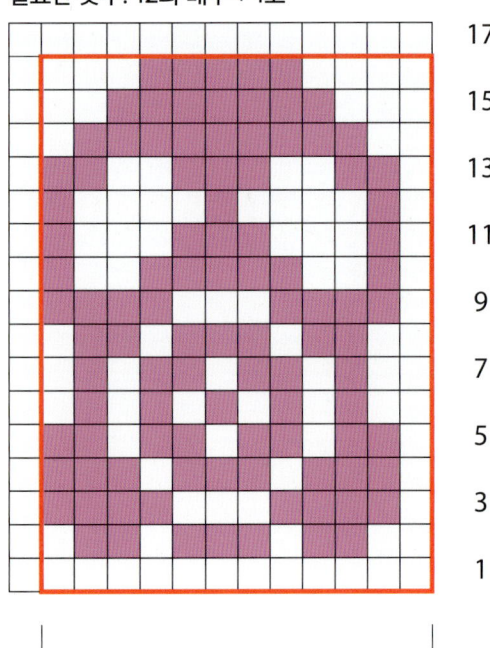

반복 구간: 12코 16단

장화 BOOT

필요한 콧수: 13의 배수 + 1코

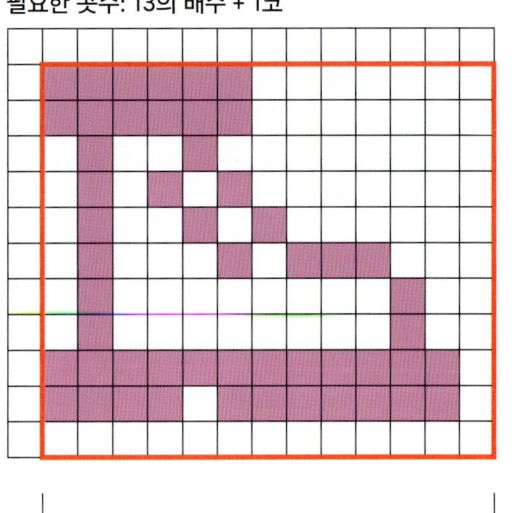

반복 구간: 13코 11단

필요한 콧수: 22의 배수

반복 구간: 22코 8단

심해 THE DEEP

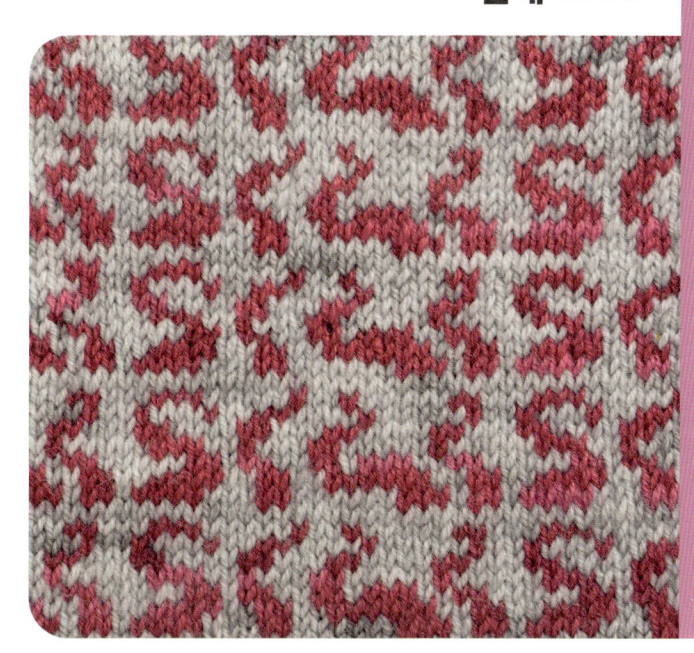

필요한 콧수: 14의 배수 + 1코

반복 구간: 14코 15단

풍차 WINDMILL

모티브 & 스와치

돌고래 DOLPHIN

필요한 콧수: 31의 배수 + 2코

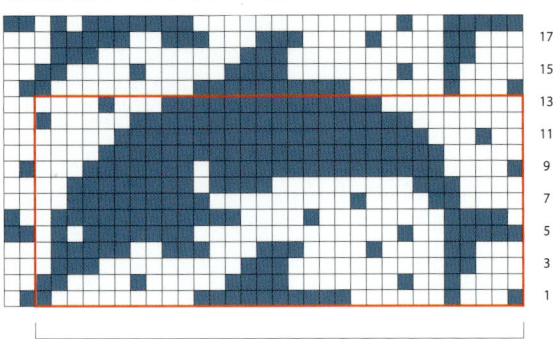

반복 구간: 31코 13단

욕실의 물고기 TOILET BOUND

필요한 콧수: 18의 배수

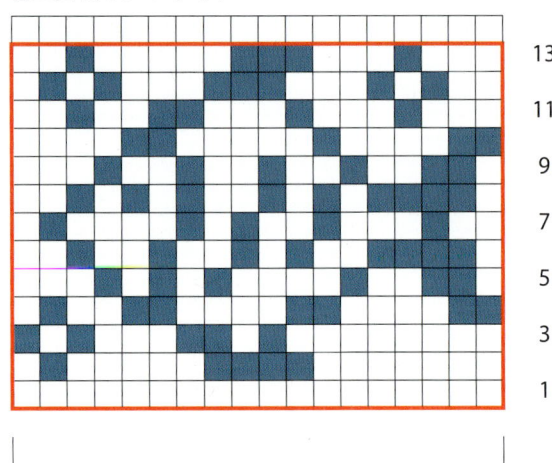

반복 구간: 18코 13단

필요한 콧수: 12의 배수 + 1코

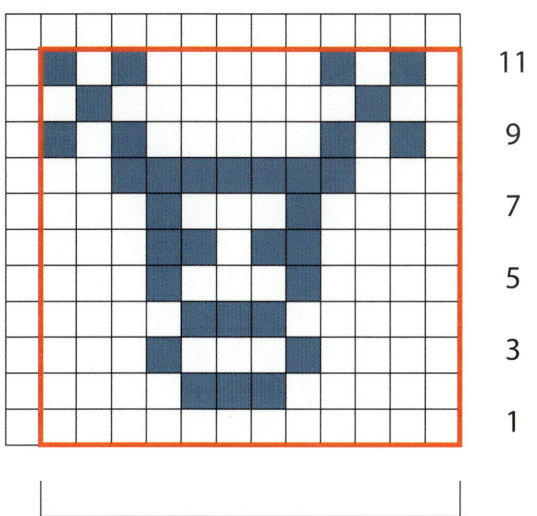

반복 구간: 12코 11단

순록 REINDEER

필요한 콧수: 12의 배수 + 1코

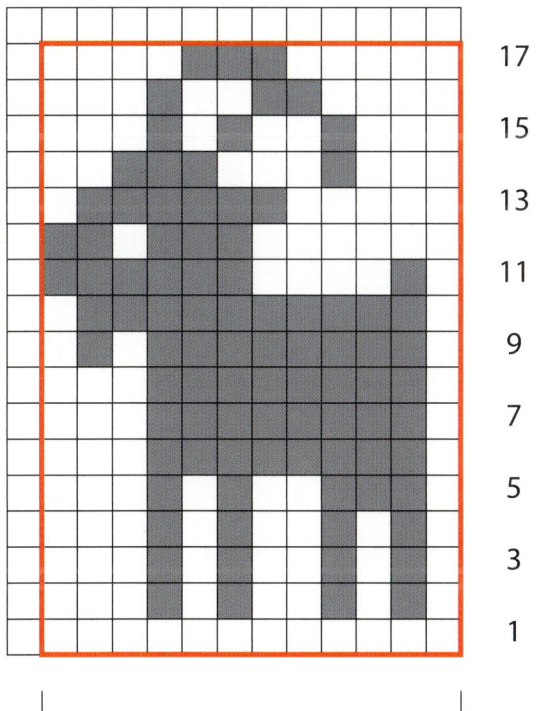

반복 구간: 12코 17단

염소 고틀리 씨 AH, GOATLEY

모티브 & 스와치 89

쥐 RAT

필요한 콧수: 32의 배수 + 1코

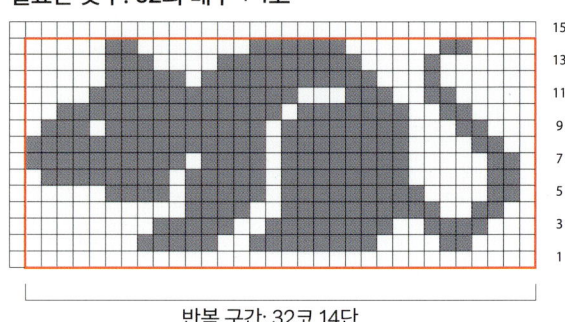

반복 구간: 32코 14단

도기 왕좌 PORCELAIN THRONE

필요한 콧수: 8의 배수 + 1코

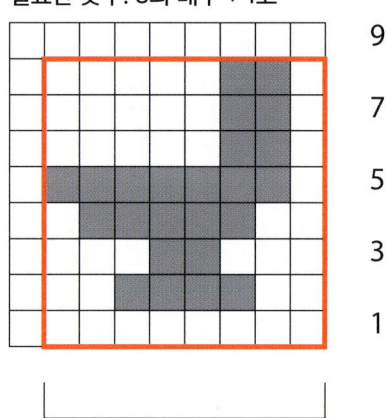

반복 구간: 8코 8단

필요한 콧수: 19의 배수 + 1코

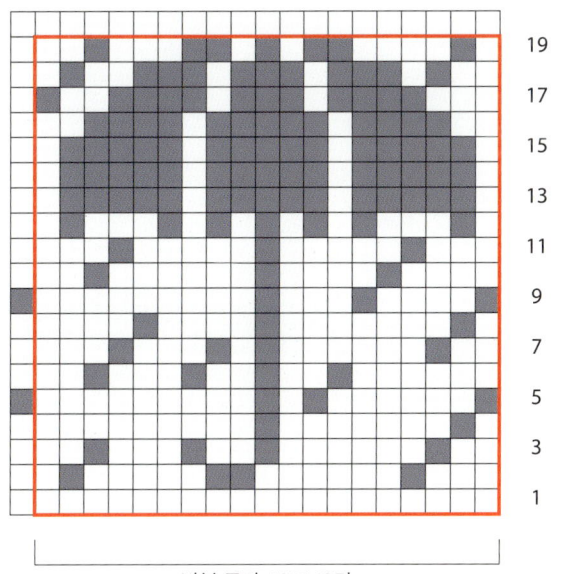

반복 구간: 19코 19단

소나기 CHANCE OF SHOWERS

필요한 콧수: 23의 배수 + 1코

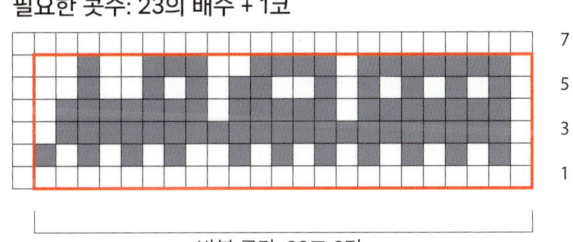

반복 구간: 23코 6단

기차 TRAIN

기지개 켜는 강아지 DOWN DOG

필요한 콧수: 21의 배수

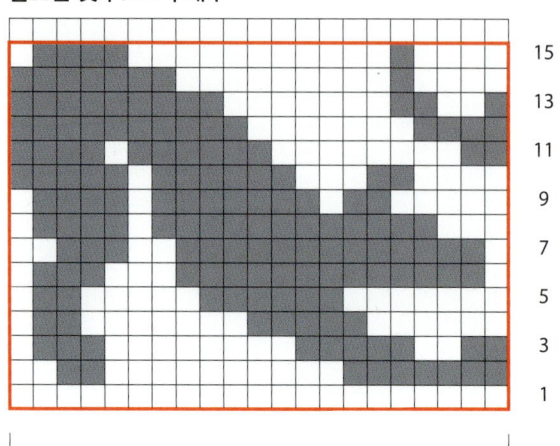

반복 구간: 21코 15단

비행기 PLANE

필요한 콧수: 10의 배수 + 1코

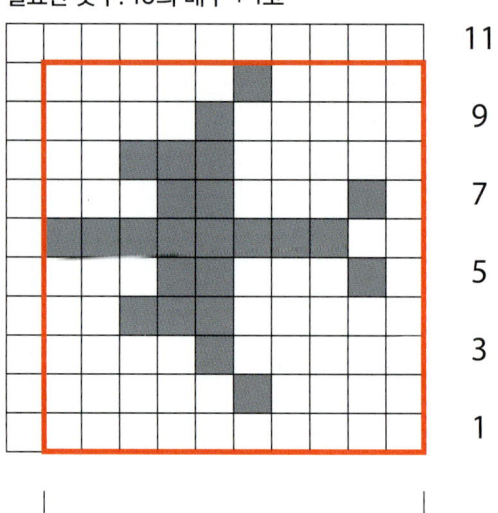

반복 구간: 10코 10단

필요한 콧수: 10의 배수 + 1코

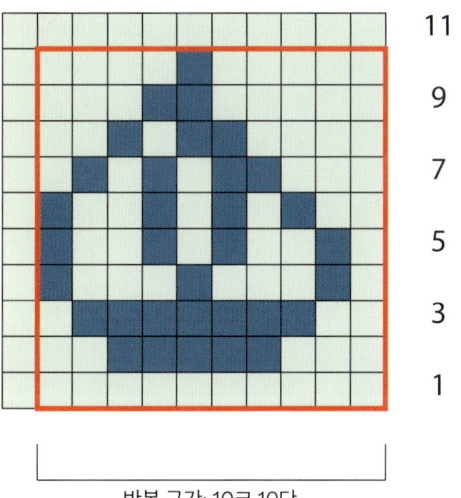

반복 구간: 10코 10단

돛단배 SAILBOAT

필요한 콧수: 37의 배수 + 1코

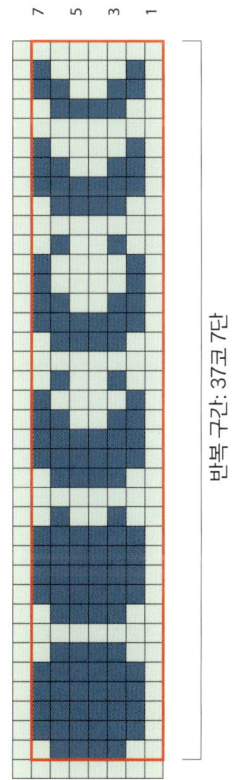

반복 구간: 37코 7단

달의 위상 MOON PHASES

눈사람 SNOW PERSON

필요한 콧수: 13의 배수 + 2코

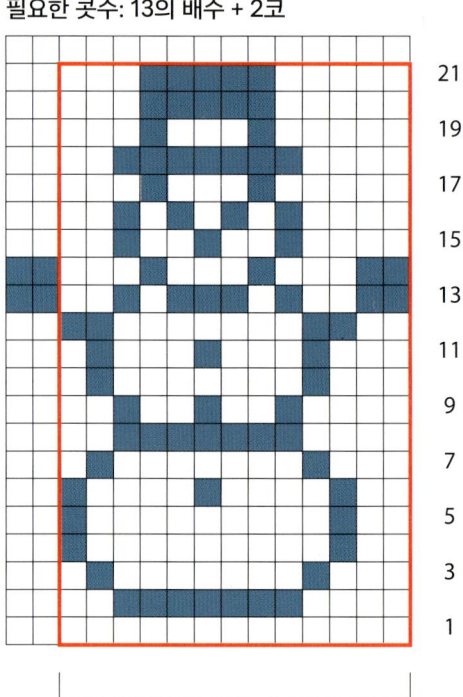

반복 구간: 13코 21단

나방 MOTH

필요한 콧수: 18의 배수 + 1코

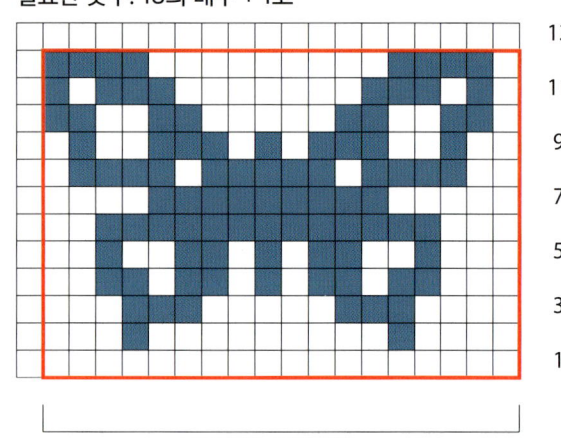

반복 구간: 18코 12단

필요한 콧수: 31의 배수

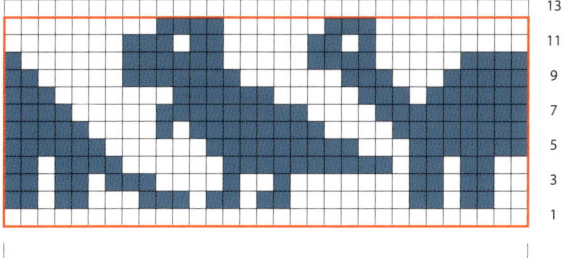

반복 구간: 31코 12단

공룡 DINOSAURS

필요한 콧수: 24의 배수 + 1코

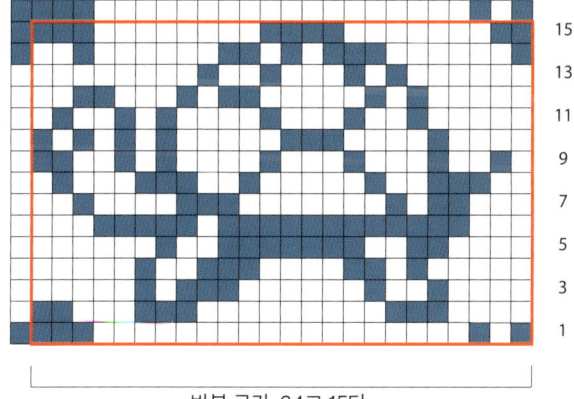

반복 구간: 24코 15단

거북이 TORTOISE

앵무조개 NAUTILUS

필요한 콧수: 22의 배수 + 1코

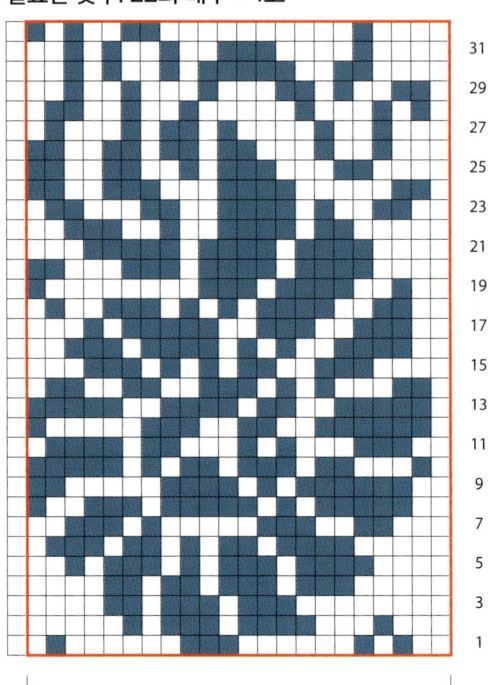

반복 구간: 22코 32단

요정 FAIRY

필요한 콧수: 17의 배수 + 1코

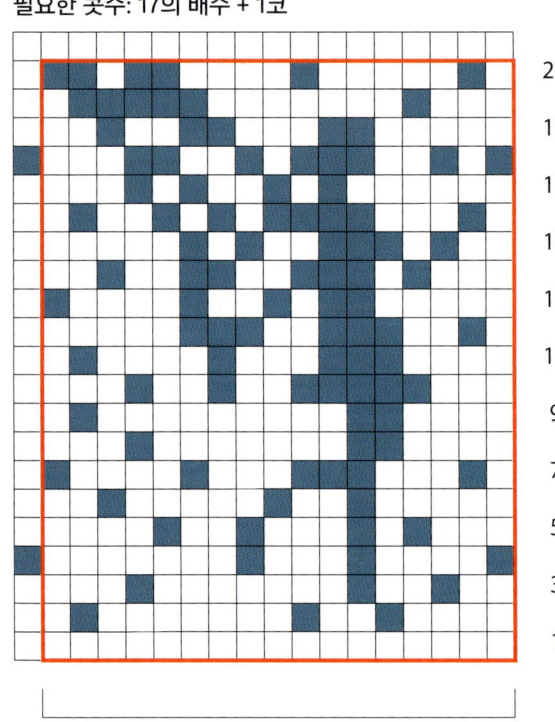

반복 구간: 17코 21단

필요한 콧수: 16의 배수 + 1코

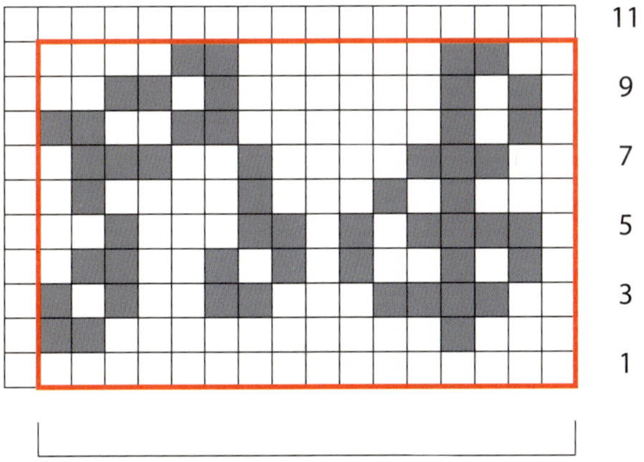

반복 구간: 16코 10단

음표 MUSIC

필요한 콧수: 13의 배수 + 1코

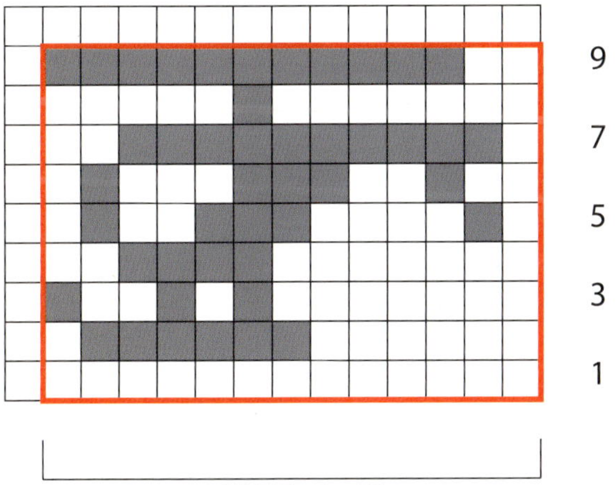

반복 구간: 13코 9단

헬리콥터 HELICOPTER

살진 고양이 부장님 CORPORATE FAT CAT

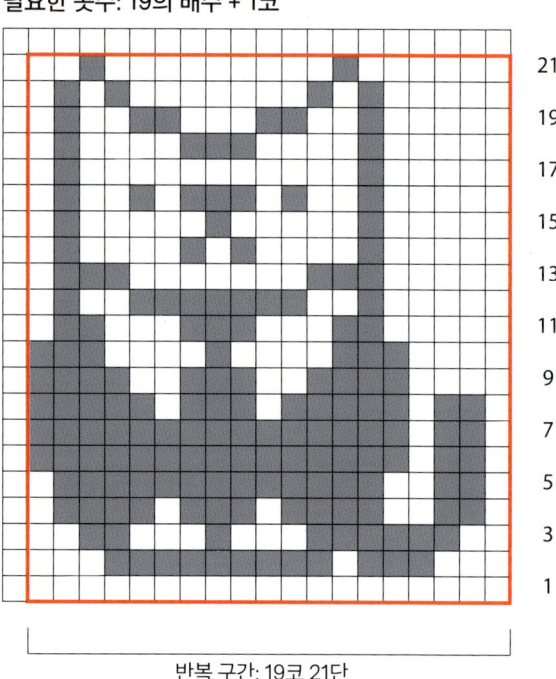

필요한 콧수: 19의 배수 + 1코

반복 구간: 19코 21단

보어의 원자모형 BOHR'S ATOM

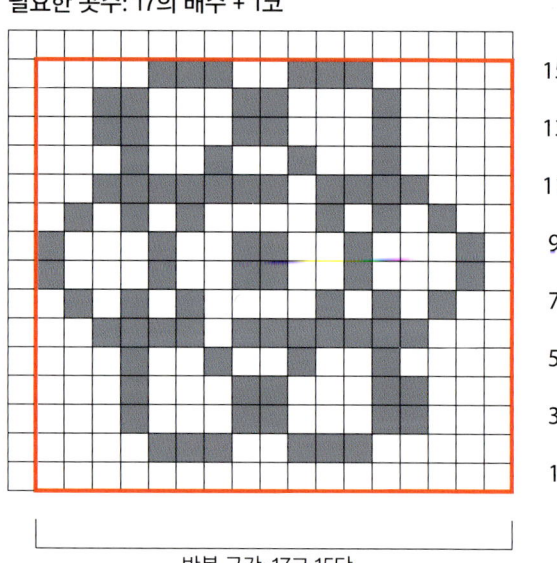

필요한 콧수: 17의 배수 + 1코

반복 구간: 17코 15단

생쥐 MOUSE

필요한 콧수: 17의 배수 + 1코

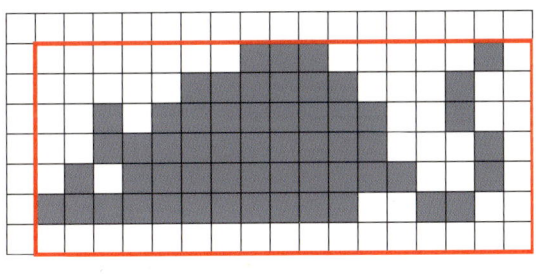

반복 구간: 17코 7단

체스 CHECK

필요한 콧수: 48의 배수 + 1코

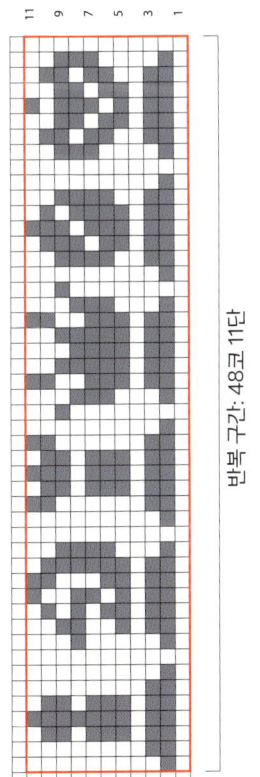

반복 구간: 48코 11단

유령 GHOSTS

필요한 콧수: 22의 배수 + 1코

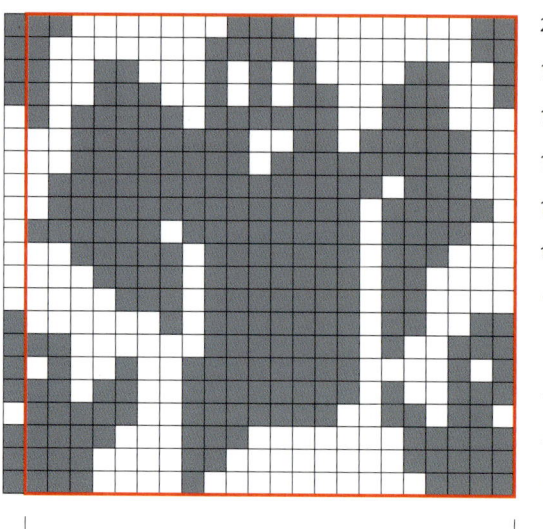

반복 구간: 22코 21단

8번 공 8 BALL

필요한 콧수: 16의 배수 + 1코

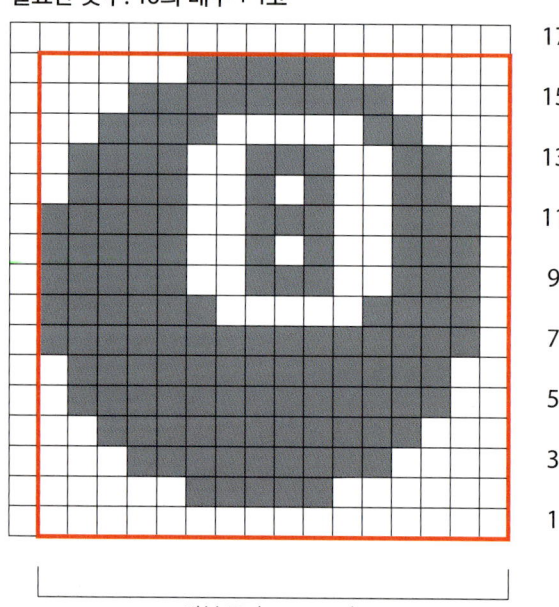

반복 구간: 16코 16단

필요한 콧수: 12의 배수 + 1코

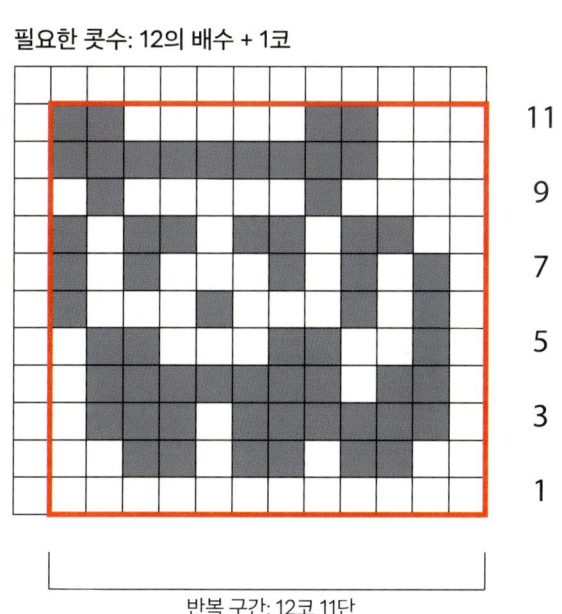

반복 구간: 12코 11단

판다 PANDA

필요한 콧수: 12의 배수 + 1코

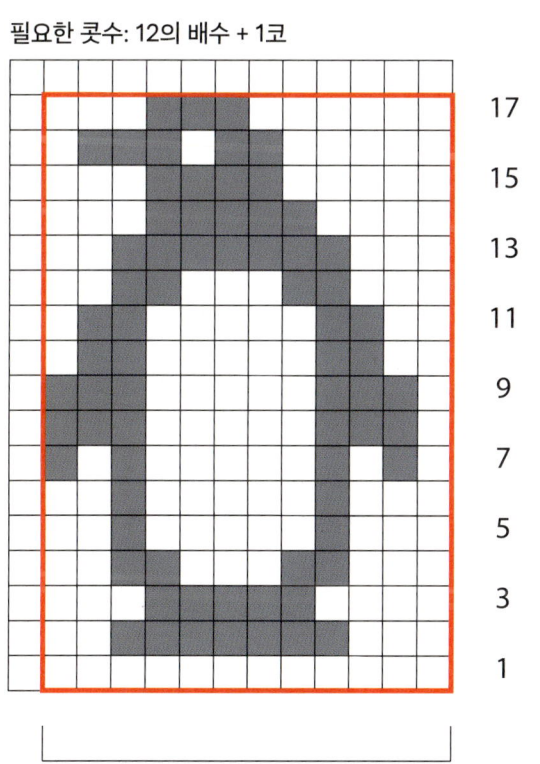

반복 구간: 12코 17단

펭귄 PENGUIN

지구 HOME

필요한 콧수: 18의 배수 + 1코

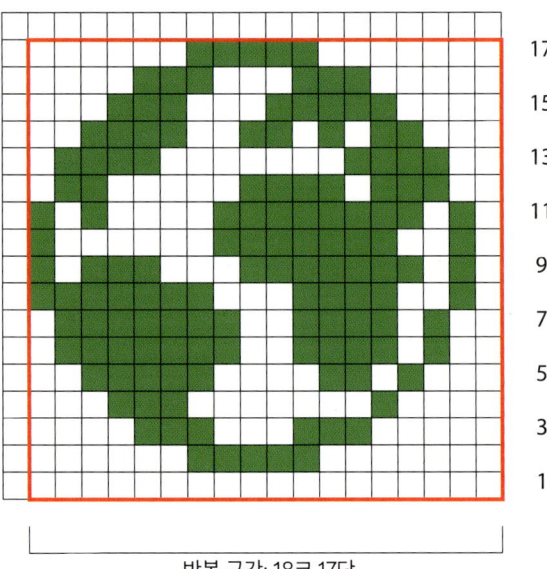

반복 구간: 18코 17단

돈주머니 BAG O' MONEY

필요한 콧수: 16의 배수 + 1코

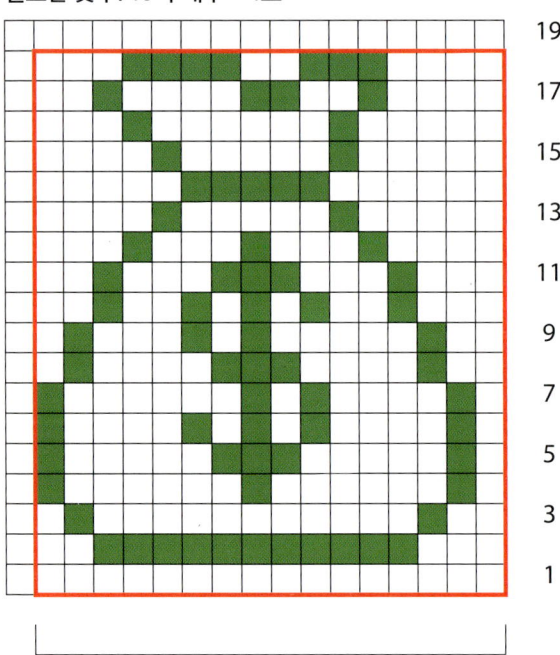

반복 구간: 16코 18단

필요한 콧수: 17의 배수

반복 구간: 17코 12단

벌새 HUMMINGBIRD

필요한 콧수: 18의 배수 + 1코

반복 구간: 18코 17단

태양 SUN

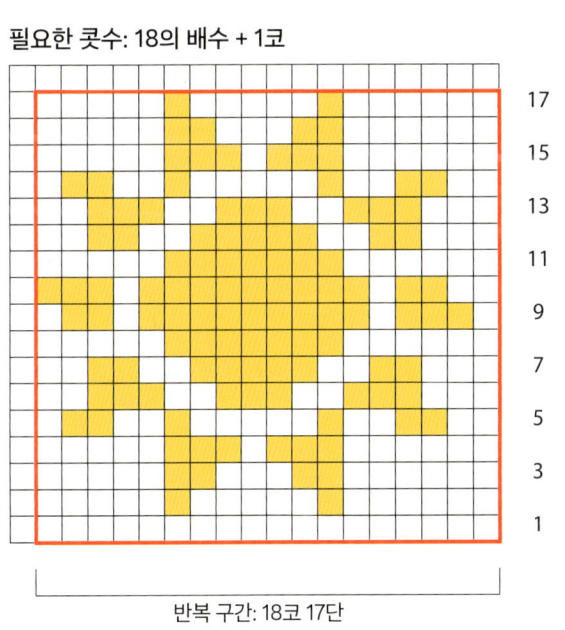

고무 오리 RUBBER DUCKY

필요한 콧수: 16의 배수 + 1코

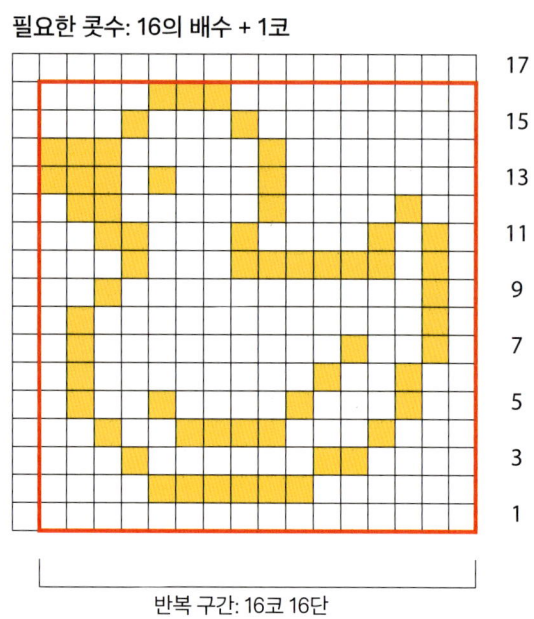

반복 구간: 16코 16단

토스트 IT'S TOAST

필요한 콧수: 12의 배수 + 1코

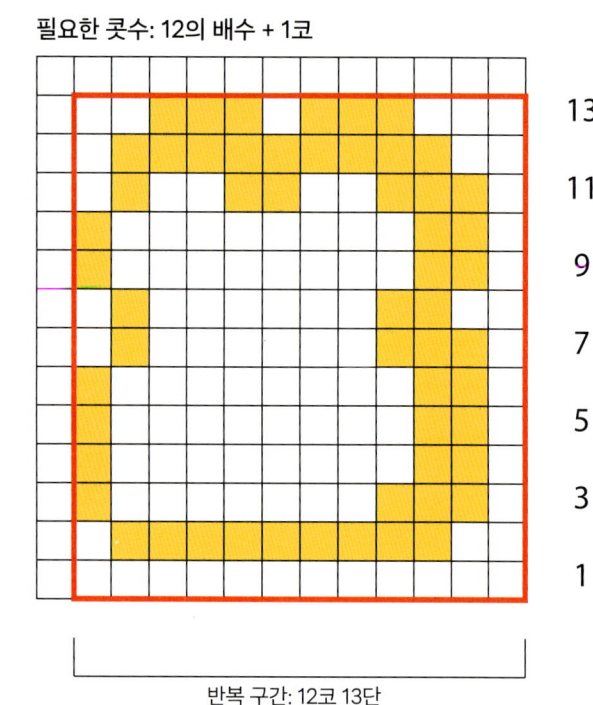

반복 구간: 12코 13단

스와치 색상 가이드

모티브 스와치는 모두 네이버후드 파이버의 오가닉 스튜디오 삭 실로 떴습니다. 색상은 위에 서부터 아래로 내려가며 다음과 같습니다. 찰스 빌리지Charles Village(핫핑크), 볼턴 힐Bolton Hill(주홍색), 올리버Oliver(금색), 애너코스티어Anacostia(녹색), 렉싱턴 마켓Lexington Market (진회색), 에지우드Edgewood(짙은 청록색), 로즈몬트Rosemont(연한 청록색), 찰스 센터Charles Centre(연회색), 롤런드 파크Roland Park(흰색), 크로스스트리트 마켓Cross Street Market(살구색).

CHAPTER 3
PATTERNS
패턴

배색 모티브를 넣은
프로젝트 디자인

뜨개 의류와 소품에 모티브를 활용하는 방법은 무수히 많습니다. 여기에는 시작하는 데 도움이 되면서 여러분의 상상력을 자극할 수 있는 몇 가지 패턴을 실었습니다. 모자, 스웨터, 반장갑인데요. 하나하나 디자인의 기술적인 디테일과 모티브를 패턴에 넣은 방법에 관해 설명할게요. 각 디자인이 어떤 식으로 만들어졌는지 이해하고 나면 제 아이디어를 수정해 다른 모티브를 활용하거나 패턴을 완전히 바꿔서 여러분만의 창의성을 표현할 수 있을 거예요.

모티브를 조합하고 수정하는 법을 보여주는 것도 이 책의 목표에 포함됩니다. 이 챕터에 실은 세 가지 프로젝트는 모자 둘레나 스웨터의 요크 부분에 차트도안을 반복해서 넣는 수준으로 그치지 않습니다. 대신 모티브의 일부분을 잘라내서 쐐기 형태를 만들죠. 그러면 (코늘림이나 코줄임이 없는) 평단으로 구성되었던 프로젝트를 (형태가 만들어지는) 입체적인 단으로 구성하면서도 배색 무늬를 유지할 수 있습니다.

돔 형태 비니 패턴에서는 머리를 덮는 둥근 크라운 부분에서 줄어드는 '공작'(52쪽) 모티브를 볼 수 있습니다. **한밤의 정원 풀오버**에는 '덩굴시렁'(62쪽)과 '카미소니아'(41쪽) 모티브를 세로로 조합해 늘어진 꽃 모양의 무늬를 만들었어요. **앵무조개 무늬 반장갑**에는 '앵무조개'(96쪽)와 '흩날리는 연기'(49쪽), '개척자'(50쪽) 모티브를 손등, 손바닥, 엄지손가락에 모두 넣었습니다.

배색 모티브를 조합하고 수정하며 형태를 만드는 작업은 대바늘 뜨개의 심화 단계로 여겨지기 때문에 여러분의 목표가 아닐지도 몰라요. 그렇다면 여기에서 소개한 그대로 뜨면서 즐겨주세요. 하지만 기초 단계를 넘어서서 프로젝트를 수정하고 디자인 스킬을 익히고 싶다면 모티브를 바꾸는 것에도 도전해보세요. 콧수를 똑같이 맞출 수 있도록 비니의 크라운, 스웨터의 요크, 장갑의 엄지손가락 거싯[장갑의 엄지, 양말의 발꿈치 등 면적을 넓혀야 하는 곳에 추가한 여유분을 뜻합니다.—옮긴이] 부분에 해당하는 빈 차트도안을 실었습니다. 이 책에 실린 다른 모티브로 도안을 채워도 좋고 나만의 모티브를 만들어봐도 좋습니다.

> 이 책의 세 가지 프로젝트를 통해 배색 모티브를 조합하고 형태를 바꿔서 최종 결과물에 입체감을 더하는 법을 배울 수 있습니다.

돔 형태 비니 디자인

기하학적인 모티브를 전체적으로 넣어서 표면 디자인이 화려한 모자입니다. 밝은색이나 강렬한 색상의 실로 대비를 높여서 선명한 무늬를 만들 수도 있고, 부드러운 중간색을 사용해 더 은은하고 자연스러운 느낌을 낼 수도 있습니다.

참고: '공작'(52쪽) 모티브의 여러 샘플을 실 갤러리(14쪽)에서 확인할 수 있습니다.

크라운 형태 만들기

모자의 크라운 부분에 배색을 넣으면서 정수리 모양에 맞게 코를 줄이려면 계획을 잘 짜야 합니다. 이 패턴에서는 12코씩 반복되는 무늬를 꼭대기에서 뾰족해지도록 줄여 쐐기 모양을 만들기로 했습니다. 복잡해지지 않도록 반복하는 스티치의 시작 코와 마지막 코에는 줄임을 넣지 않았어요. 그래서 줄임 코의 앞과 뒤인 시작 지점과 끝 지점에 일반 코가 들어가 있습니다.

참고: 줄임 코를 바로 옆에 나란히 넣으면 두 코 사이 간격이 늘어나서 엉성한 모양이 될 수 있습니다.

쐐기 모양을 만들기 위해 줄임은 대칭을 이루도록 2코씩 쌍으로 넣었습니다. 모티브의 시작에는 왼쪽으로 기울어지는 코줄임을 넣고 끝에는 오른쪽으로 기울어지는 코줄임을 넣었다는 의미예요. 한 쌍의 코줄임이 서로를 향해 기울어진 모양이죠. 줄이는 코가 가운데에서 만나면 선호하는 2코 코줄임 방법을 쓰면 됩니다. 저는 줄였을 때 모양이 마음에 들어서 마지막 줄임 단계에 오른코 3코 모아뜨기를 두 번 넣었어요.

'공작' 모티브는 중첩되는 다이아몬드 모양이기 때문에 무늬가 자연스럽게 이어지려면 차트도안의 일부를 반복해야 합니다. 따라서 크라운 부분의 1~7단에는 형태를 잡기 위한 줄임이 들어가지 않습니다. 다른 모티브로 실험할 때는 전체 무늬 패턴에서 수직으로 위치를 파악해야 합니다. 그리고 필요하면 크라운 형태를 잡기 전에 모티브의 일부가 반복되는 부분을 추가해주세요.

선명한 다이아몬드 모티브를 쓰는 만큼 다이아몬드 꼭대기를 중심으로 쐐기가 모이게 하고 싶었어요. 그래서 쌍을 이루지 않는 코줄임을 하나 넣었습니다(차트도안 8단 참고). 이렇게 하면 반복하는 콧수가 짝수에서 홀수가 되기도 하죠. 모든 단을 다 뜨고 나면 반복하는 코가 마지막엔 하나만 남는다는 뜻입니다.

나만의 디자인 만들기

다음 페이지의 12코씩 반복되는 빈 차트도안을 이용해 색칠 공부를 할 때처럼 무늬를 채워 보세요. 12코보다 많거나 적게 반복되는 패턴이라면 모눈종이로 나만의 차트도안을 만들면 됩니다. 반복하는 콧수만큼 그리기 시작하고 한 단씩 걸러가며 코줄임을 넣어서 여기 소개한 것과 같은 일반적인 쐐기 모양을 만듭니다.

> **팁: 줄임 코의 색상**
> 무늬가 부드럽게 이어지도록 줄임 기호가 표시된 코의 색상을 바로 아래 코와 같은 색상으로 맞추는 것을 추천합니다.

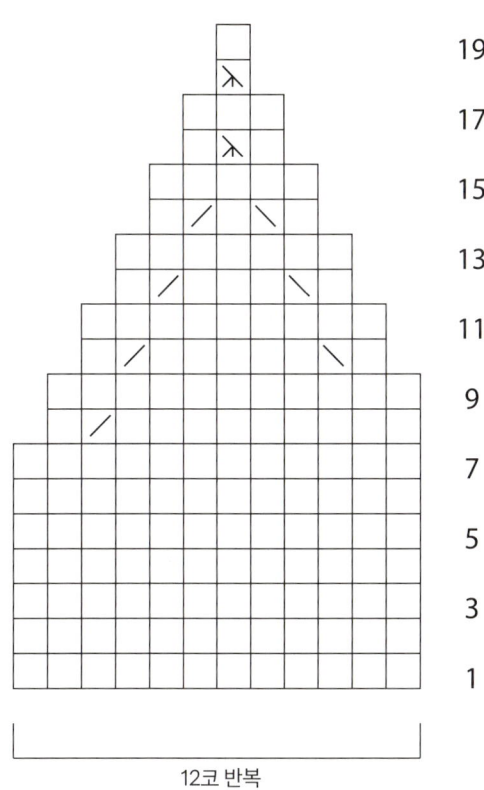

12코 반복

돔 형태 비니 크라운 만들기

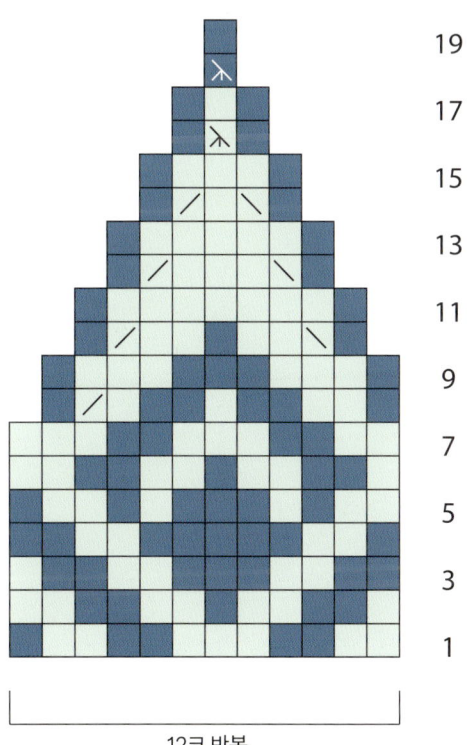

12코 반복

패턴 111

앵무조개 무늬 반장갑 디자인

손가락이 없는 반장갑은 중간 크기 배색 모티브를 위한 환상적인 캔버스 같아요. 이 장갑에는 가장 특징적인 모티브로 '앵무조개'(96쪽)를 선택해 손등에 큼직하게 배치하고, 조금 더 작은 모티브인 '흩날리는 연기'(49쪽)를 손바닥에 넣었습니다. 그리고 바닷속 느낌이 더 살아나도록 구불구불한 '충돌'(47쪽) 모티브를 테두리에 넣고, '개척자'(50쪽) 모티브를 수정해 엄지손가락 거싯에 생선 뼈 같은 무늬를 추가했어요.

> **팁: 다색 그러데이션 실과 배색 뜨기**
>
> 한 가지 색에서 다른 색으로 서서히 변하는 다색 그러데이션 실과 단색 실을 사용해 배색 뜨기를 할 때는 변하는 색상이 모두 단색 실과 잘 대비되는 것이 중요합니다. 한 타래에 아주 밝은 구간과 아주 어두운 구간이 다 포함되는 다색 실은 제외하세요.

모티브 조합하기

여러 가지 모티브를 하나의 패턴으로 조합했을 때 완성한 편물의 무늬가 깔끔하고 조화로워 보이려면 콧수를 맞추는 것이 핵심입니다. 앵무조개 반장갑은 반복하는 콧수가 다른 네 가지 모티브가 자연스럽게 연결되도록 하는 것이 관건이었습니다. 10코, 22코, 31코가 반복되는 도안이 들어갔어요.

'충돌' 모티브는 손목과 손가락, 양쪽의 테두리를 감싸도록 했습니다. 10코가 반복되는 모티브인데요. 한 차례 반복하는 콧수만큼 다 떠야만 다음 코와 매끄럽게 연결되며 물결무늬가 연속으로 이어지는 모티브이기 때문에 콧수가 반드시 10코로 나누어떨어져야만 했어요.

손등에는 '앵무조개' 모티브를 넣었고 손바닥에는 수정을 거친 '흩날리는 연기' 모티브를 반복해서 배치했으며 엄지손가락 거싯에는 쐐기 모양으로 형태를 잡은 '개척자' 모티브를 넣었습니다. 손등에 넣고자 하는 모티브가 거싯 바로 옆에 자리하지 않는 것이 중요합니다. 손의 형태 때문에 거싯 바로 옆에는 어떤 무늬가 오든 손등 중앙보다는 엄지손가락 쪽에 치우쳐 보일 테니까요.

손등 중앙에 큼직한 모티브를 넣으면 손바닥의 작은 모티브를 전체적으로 반복할 필요가 없다는 장점이 있습니다. 먼저 손 둘레에 맞추려면 몇 코가 필요한지 결정하고, 큰 모티브에 필요한 콧수: 를 빼세요. 그리고 남은 코를 작은 모티브에 할당합니다. 딱 떨어지게 반복할 수 없다면 큰 모티브의 앞뒤로 같은 수의 코를 추가해주세요. 모티브를 일부만 써도 괜찮지만 대칭은 이루게 하는 편이 좋습니다.

손바닥과 엄지손가락 거싯에 쓸 도안을 선택할 때 또 하나 염두에 둬야 하는 점은 무늬와 무늬를 분리하는 단색 단 없이 작업해야 한다는 것입니다. 모든 단에 배색이 들어가는 '앵무조개' 도안과 합쳐야 하기 때문이에요. 손바닥에 단색 단이 들어가면 뒷면에 가로로 걸치는 실이 장갑 둘레의 절반 길이가 될 테니 실용적이지 않아요. 흩날리는 연기 모티브는 원래 8단을 뜨면 단색으로 1단을 뜨게 되어 있지만, 이 모티브를 장갑에 쓰기 위해 단색 단을 생략했어요. 그 결과 무늬가 살짝 달라졌지만 예상했던 대로였고 꽤 마음에 들었습니다.

나만의 디자인 만들기

나만의 반장갑을 디자인하려면 동물이나 꽃 같은 중간 크기의 모티브를 하나 골라 손등에 배치하고 작은 무늬를 손바닥에 넣어보세요. 빈 차트도안은 엄지손가락 거싯의 무늬를 만들 때 사용하세요.

앵무조개 무늬 반장갑 엄지손가락 차트도안

라지 사이즈

스몰 사이즈

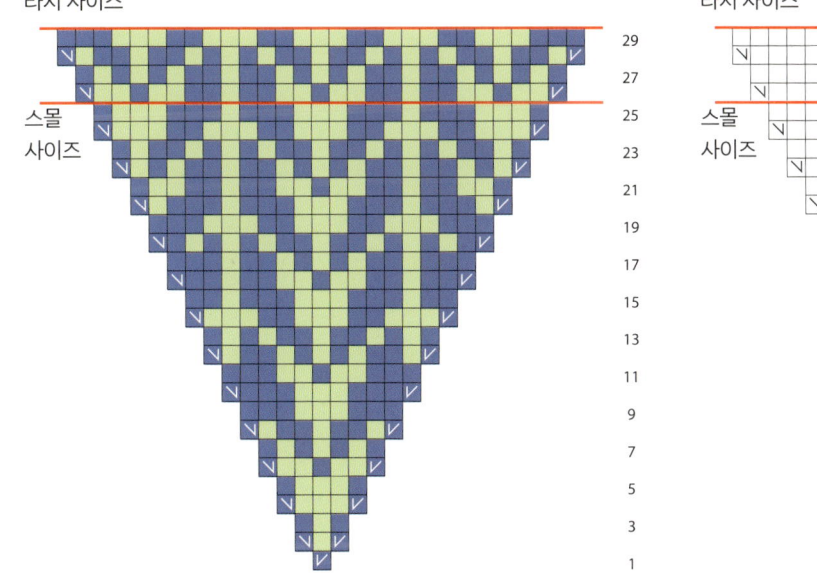

라지 사이즈

스몰 사이즈

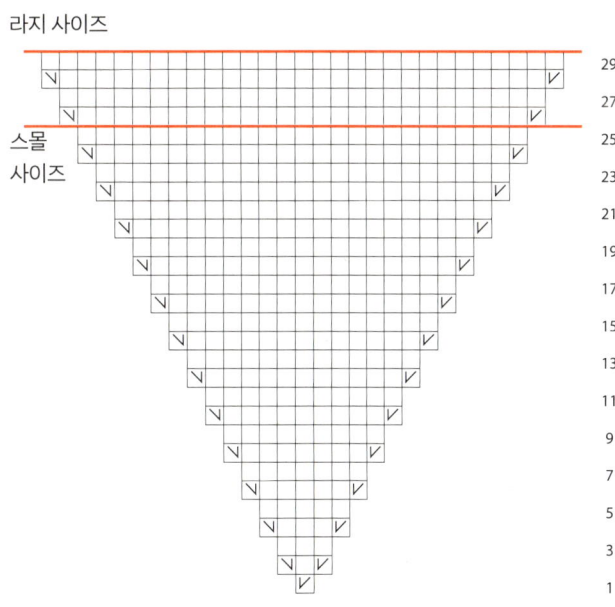

한밤의 정원 풀오버 디자인

스웨터의 요크 부분도 배색 무늬를 넣기 좋은 멋진 캔버스죠. 래글런 스타일로 뜨든 원통으로 뜨든, 결과물을 만들어내려면 고유한 접근 방식이 필요합니다. 제가 배색으로 뜨기 좋아하는 스웨터 스타일은 원통으로 뜨는 요크 디자인이에요. 원통 요크의 형태를 잡기 위한 쐐기 모양이 배색 모티브를 넣기에 적합하기 때문입니다.

래글런 형태나 큼직한 모티브를 쓰는 배색 스웨터와 달리 클래식 페어아일 배색 스웨터는 자잘한 모티브를 사용해 원통 형태를 만드는 경우가 흔합니다. 하지만 여기에 소개하는 스웨터는 '덩굴시렁'(62쪽)과 '카미소니아'(41쪽) 모티브를 수정하고 조합해 좀 더 모던하게 디자인했으니 페어아일 무늬로 보이지는 않을 거예요.

요크 쐐기 패턴

밑단에서부터 위로 올라가며 코를 줄여서 뜨는 보텀업 스웨터도, 위에서부터 아래로 내려가며 코를 늘려서 뜨는 톱다운 스웨터도 잘 계획해야 완벽한 쐐기 모양을 만들 수 있습니다. 어느 쪽이든 게이지를 내는 것이 필수예요. 얼마나 줄여야 하는지, 얼마나 늘려야 하는지 알 수 있으니까요. 여기 실린 빈 차트도안을 이용해 여러분만의 스웨터를 디자인할 때는 꼭 이 점을 염두에 둬야 합니다. 게이지가 다르다면 이 도안의 코늘림이나 코줄임이 적절하지 않을 수 있거든요.

한밤의 정원 풀오버에 사용한 쐐기 모양을 만들기 위해 모티브를 두고 많이 고심했어요. '덩굴시렁'의 잎사귀 하나부터 시작한 다음 모티브를 반복하며 반복 무늬 사이에 코늘림 위치를 배치했습니다. 그리고 꽃과 가장 가까운 곳의 잎사귀를 조금 귀엽게 수정해 더 조화로운 무늬가 되도록 해줬어요. '카미소니아' 꽃무늬는 반복하는 콧수가 패턴에 필요한 콧수가 되도록 맞추기 위해 이 무늬가 시작되는 단에 코늘림을 넣은 것 외에는 따로 수정하지 않았습니다.

쐐기 모양을 보면 완벽한 대칭이 아니고 코늘림도 균등하지 않았음을 알 수 있습니다. 원통 요크에는 융통성을 발휘할 수 있어요. 원하는 패턴을 만들기 위해 콧수를 자유롭게 조정할 수 있죠. 톱다운 풀오버라면 원하는 목둘레와 가슴둘레, 소매둘레, 그리고 요크의 깊이에 필요한 만큼 콧수를 맞추고 코늘림 비율을 고르게 유지하기만 하면 무리 없이 요크 디자인에 성공할 거예요. 하지만 평단이 여러 단 이어지고 나서 늘림단이 또 여러 단 나오는 식의 디자인은 피하세요. 깔때기 같은 모양이 될 수 있습니다.

나만의 디자인 만들기

빈 차트도안을 이용해 나만의 톱다운 원통 요크 스웨터를 만들어 보세요. 디자인을 더 수정하고 싶다면 손목과 밑단에도 배색을 추가해보세요. 네크라인 만드는 방법을 바꾸는 것도 가능합니다. 예를 들어 아이코드로 테두리를 만들어 마무리하는 대신 1코고무뜨기를 몇 단 뜨면 크루넥 스웨터를 만들 수 있어요.

> **팁: 스와치 생략하기**
>
> 뜨려고 하는 모티브가 서로 조화를 이루는지, 디자인이 원하는 느낌으로 나올지 알아보기 위해서는 스와치를 뜨는 것이 중요합니다. 하지만 막상 뜨려고 생각하니 동기도 창의성도 다 빠져나가는 것 같다면 스와치 대신 모자나 장갑을 떠보세요. 스와치를 뜨는 것만큼 효율적이지는 않지만 재미있고, 덜 부담스러우니까요. 떠놓고 보니 내 사이즈가 아닐 수도 있겠지만 누군가 맞는 사람이 있을 거예요!

한밤의 정원 풀오버 요크 차트도안

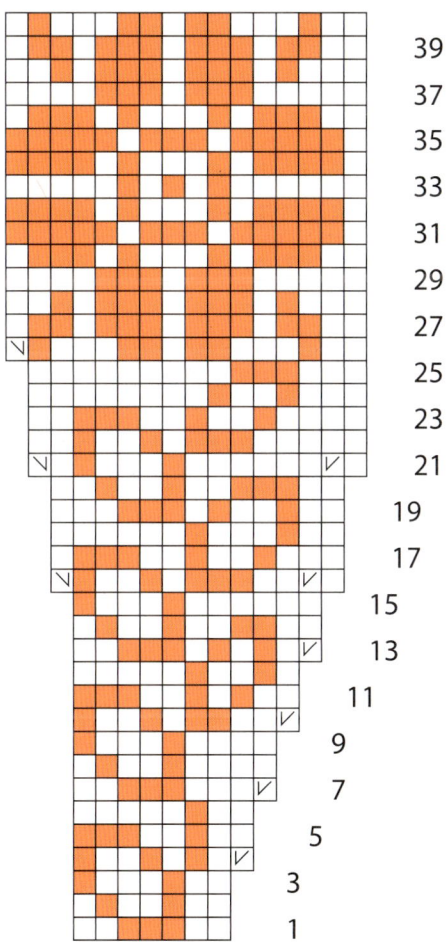
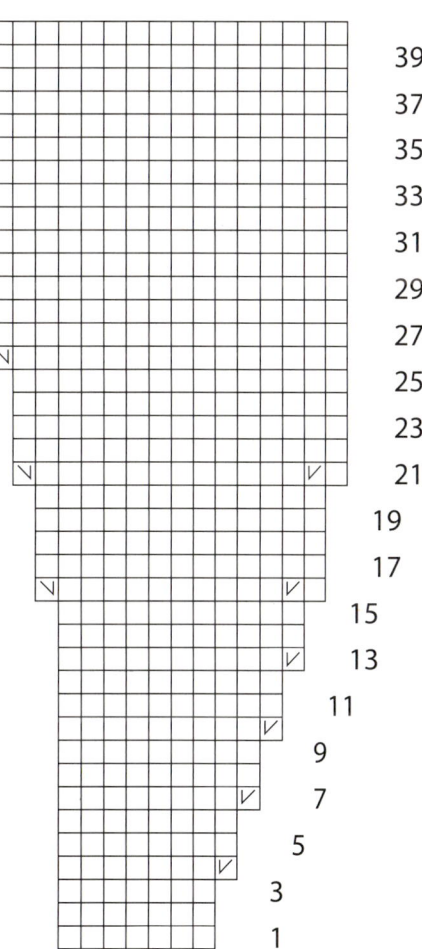

DOMED TOQUE

돔 형태 비니

선명하고 강렬한 무늬가 들어간 비니로 패턴을 따라 뜨면서 배색 뜨기를 연습하고 형태를 잡는 경험도 할 수 있습니다. 크라운의 형태 덕분에 멋진 돔이 만들어집니다.

사이즈 & 완성 치수

사이즈
A (B, C, D, E)
유아 (아동, 성인 스몰, 성인 미디엄, 성인 라지)

완성 치수
모자 둘레: 39.5 (43, 47.5, 52, 56.5)cm
모자 길이(크라운의 가장 위쪽에서 밑단까지):
19 (19, 19.5, 21, 22)cm
샘플 사이즈: 52cm

실

핑거링 굵기의 실 두 가지 색상
바탕실: 107 (118, 130, 142, 154)m
배색실: 48 (53, 59, 64, 69)m

샘플에 사용한 실
네이버후드 파이버NEIGHBORHOOD FIBER CO. | 오가닉 러스틱 핑거링Organic Rustic Fingering(100% 오가닉 메리노 울, 1타래 434m/114g)
바탕실: 렉싱턴 마켓Lexington Market 1타래
배색실: 롤런드 파크Roland Park 1타래

바늘

3.25mm(미국 3호) & 3.75mm(미국 5호):
①40cm 줄바늘, ②장갑바늘 또는 짧은 둘레의 원통뜨기가 가능한 선호하는 바늘(예: 매직루프 기법을 쓸 수 있는 긴 줄바늘)

게이지

3.75mm 바늘로 배색 패턴을 뜬 게이지:
28코×32단=10×10cm
올바른 게이지를 얻기 위해 필요하다면 바늘 사이즈를 변경하세요.

부자재

마커(단코 표시링), 돗바늘, 별도의 실, 작은 호수 바늘과 같거나 더 작은 사이즈로 여분의 40cm 줄바늘, 3.25mm(미국 D호) 코바늘

일러두기

- 모자는 풀어내는 코잡기 방법으로 코를 잡은 뒤 밑단부터 정수리로 올라가며 작업합니다. 밑단 부분은 원하는 길이의 2배로 작업하고 반으로 접은 다음 풀어낸 코를 바늘에 걸린 코와 함께 떠 겹단으로 만듭니다.
- 이 모자는 둥근 비니 모양으로 디자인했습니다. 조금 더 여유 있게 늘어지는 모양을 선호한다면 크라운 차트도안을 시작하기 전에 10단 구성의 메인 차트도안을 한 번 더 반복해주세요.
- 차트도안은 바탕실이 밝은색이고 배색실이 어두운색인 도안과 바탕실이 어두운색이고 배색실이 밝은색인 도안, 이렇게 두 가지 버전이 있습니다. 선택한 컬러 팔레트에 적합한 쪽을 사용하세요.

만드는 법

밑단
사슬코를 이용한 풀어내는 코잡기 기법으로 코를 잡는다.

방법1
작은 호수의 40cm 줄바늘과 코바늘, 별도의 실을 사용해 줄바늘을 감싸며 사슬코를 떠서 108 (120, 132, 144, 156)코를 잡는다. (**기법 설명에 소개된 영상 참고**)
바탕실을 연결해 겉뜨기를 1단 뜬다.

방법2
코바늘과 별도의 실을 사용해 사슬코를 뜬 다음 바탕실을 연결해 작은 호수의 40cm 줄바늘로 코를 주워 108 (120, 132, 144, 156)코를 잡는다. (**기법 설명 해설 참고**)

이제 마커를 걸고 원통으로 이어 뜬다.

1단: *겉뜨기2, 안뜨기2.* *~*를 끝까지 반복한다.
밑단 길이가 5 (5, 6.5, 9, 11.5)cm가 될 때까지 1단을 반복한다.
코 잡을 때 쓴 별도의 실을 조심스럽게 제거하고 코를 여분의 40cm 줄바늘로 옮긴다. 기존 바늘에 걸려 있는 코가 옮긴 코 앞에 오도록 밑단을 반으로 접어 밑단 길이가 작업한 길이의 절반이 되도록 한다.

연결 단: *기존 바늘의 코와 옮긴 코를 하나씩 찔러 함께 겉뜨기한다.* *~*를 끝까지 반복한다.
밑단을 연결해 2겹으로 만들었다.
겉뜨기를 1단 뜬다.

배색 구간
배색 구간에서 게이지를 유지하기 위해 필요하다면 큰 호수의 바늘로 바꾼다. 배색실을 연결하고 메인 차트도안을 1단부터 10단까지 3회 반복해 총 30단을 뜬다. 각 단마다 12코의 패턴이 9 (10, 11, 12, 13)회 반복된다.

크라운
크라운 차트도안을 따라 1단부터 19단까지 뜬다. 40cm 줄바늘로 뜨기 어려울 만큼 둘레가 줄어들면 장갑바늘이나 긴 줄바늘, 또는 그 밖의 짧은 둘레 원통뜨기가 가능한 바늘로 바꿔 뜬다.
크라운 차트도안을 다 뜨고 나면 총 9 (10, 11, 12, 13)코가 남는다.

사이즈 A (-, C, -, E) 마지막 줄임단:
겉뜨기1, *오른코 모아뜨기(ssk).* *~*를 끝까지 반복한다.

사이즈 - (B, -, D, -) 마지막 줄임단:
오른코 모아뜨기(ssk)를 끝까지 반복한다.

모든 사이즈
총 5 (5, 6, 6, 7)코가 남는다.

실끝을 15cm 남기고 바탕실과 배색실을 모두 자른다. 바탕실을 돗바늘에 꿰고 남은 코에 통과시킨 뒤 단단히 당긴다. 확실하게 마무리할 수 있도록 실을 다시 한번 남은 코에 통과시킨 다음 크라운 중앙에 넣어 안쪽 면으로 가져온다. 배색실도 돗바늘에 꿰어 같은 방식으로 안쪽 면으로 가져온다.

마무리
안쪽 면에 덧수를 놓는 방식으로 실끝을 꿰매 숨긴다.

웨트 블로킹
상온의 물에 순한 세제나 울 전용세제를 사용해 모자를 손세탁한다. 깨끗한 물에 가볍게 흔들어 헹군 뒤 수건으로 눌러 물기를 짜낸다. 평평하게 펼쳐서 말리거나 모자 형태를 잡아서 말린다.

메인 차트도안, 밝은색 바탕실

12코 반복

메인 차트도안, 어두운색 바탕실

12코 반복

크라운 차트도안, 밝은색 바탕실

12코~1코 반복

크라운 차트도안, 어두운색 바탕실

12코~1코 반복

겉뜨기 | 바탕실		
겉뜨기 | 배색실		
2코모아겉뜨기(k2tog) | 배색실		
오른코 모아뜨기(ssk) | 배색실		
오른코 3코모아뜨기(sk2p) | 배색실		
오른코 3코모아뜨기(sk2p) | 바탕실		

NAUTILUS FINGERLESS MITTS

앵무조개 무늬 반장갑

파도에 몸을 맡긴 앵무조개와 함께 깊은 바닷속으로 여행을 떠나보세요. 작은 장갑 속 심해를 주제로 한 배색 모티브가 마음을 사로잡아 깊은 인상을 남길 거예요.

사이즈 & 완성 치수
사이즈
A (B)
성인 스몰 (성인 라지)

완성 치수
손 둘레: 18 (21)cm
샘플 사이즈: 18cm

실
핑거링 또는 스포츠 굵기의 실 두 가지 색상
바탕실: 137 (161)m
배색실: 62 (73)m

샘플에 사용한 실
스핀사이클 얀스SPINCYCLE YARNS | 다이드 인 더 울Dyed in the Wool(100% 슈퍼워시 아메리칸 울, 1타래 183m) 바탕실: 나이트워치Nightwatch 1타래
스핀사이클 얀스SPINCYCLE YARNS | 녹턴Nocturne(100% 메리노 울, 183m) 배색실: 픽 유어 포이즌Pick Your Poison 1타래

바늘
고무단 및 단색 메리야스단:
2.75mm(미국 2호) 장갑바늘 또는 짧은 둘레의 원통뜨기가 가능한 선호하는 바늘(예: 매직루프 기법을 쓸 수 있는 긴 줄바늘)
배색단: 3.5mm(미국 4호) 장갑바늘 또는 짧은 둘레의 원통뜨기가 가능한 선호하는 바늘

게이지
3.5mm 바늘로 배색 패턴을 뜬 게이지:
34코×40단=10×10cm
올바른 게이지를 얻기 위해 필요하다면 바늘 사이즈를 변경하세요.

부자재
마커(단코 표시링), 돗바늘, 별도의 실

일러두기
• 장갑은 손목에서 시작해 손가락 쪽으로 올라가며 작업합니다. 엄지손가락 거싯은 장갑을 뜨면서 함께 뜨고, 엄지손가락에 해당하는 코를 별도의 실로 옮긴 뒤 장갑의 남은 부분을 완성합니다. 그다음 옮겨두었던 코로 엄지손가락 단을 뜹니다.

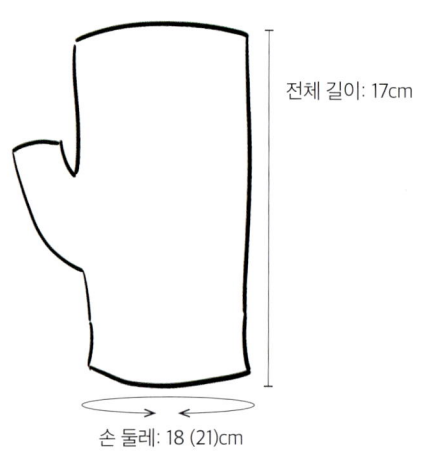

전체 길이: 17cm
손 둘레: 18 (21)cm

만드는 법

손목 단
작은 호수의 바늘과 바탕실로 56 (68)코를 잡는다. 이제 마커를 걸고 원통으로 이어 뜬다.

고무단
1단: (겉뜨기1, 안뜨기1)을 반복한다.

1단을 9회 더 뜬다. 혹은 손목단 길이가 코를 잡은 가장자리부터 2.5cm가 될 때까지 뜬다.

늘림단: *겉뜨기14 (34), 1코 코늘림.* *~*를 끝까지 반복한다. 4 (2)코 늘어나 총 60(70)코.

겉뜨기를 1단 뜬다.

배색
참고: 배색 뜨기에서 게이지를 맞추기 위해 필요하다면 큰 호수의 바늘로 바꾼다.

'충돌'(오른손) 차트도안을 매 단 6 (7)회 반복해 1단부터 6단까지 뜬다.

참고: 무늬 없는 메리야스뜨기를 할 때 게이지를 맞추기 위해 필요하다면 작은 호수의 바늘로 바꾼다.

바탕실로 겉뜨기를 2단 뜬다.

거싯과 손
참고: 배색 시 게이지를 맞추기 위해 필요하다면 큰 호수의 바늘로 바꾼다.

거싯 차트도안의 1단을 뜬 뒤 마커를 걸고 '앵무조개'(오른손) 차트도안의 1단을 뜬다. 총 61 (71)코.

이 방법대로 차트도안을 따라 25 (29)단까지 뜬다. 총 85 (99)코: 거싯 25 (29)코, 손 60 (70)코.

엄지손가락 코 분리
거싯에 해당하는 25 (29)코를 별도의 실로 옮겨둔다. 마커를 제거하고 다시 원통으로 이어서 '앵무조개'(오른손) 차트도안의 32단까지 뜬다.

참고: 무늬 없는 메리야스뜨기를 할 때 게이지를 맞추기 위해 필요하다면 작은 호수의 바늘로 바꾼다.

바탕실로 겉뜨기를 2단 뜬다.

참고: 배색 뜨기에서 게이지를 맞추기 위해 필요하다면 큰 호수의 바늘로 바꾼다.

'충돌'(오른손) 차트도안을 매 단 6 (7)회 반복해 1단부터 6단까지 뜬다.
참고: 배색 뜨기에서 게이지를 맞추기 위해 필요하다면 큰 사이즈의 바늘로 바꾼다.

바탕실로 겉뜨기를 2단 뜬다.

손가락 단
1단: (겉뜨기1, 안뜨기1)을 반복한다.
1단을 2회 더 반복한다. 또는 고무단 길이가 1cm가 될 때까지 반복한다.

코를 모두 막는다.

엄지손가락 단
별도의 실에 옮겨두었던 25 (29)코를 작은 호수의 바늘로 옮긴다. 엄지손가락 단에는 바탕실만 사용한다.

준비단: 끝까지 겉뜨기를 한 다음 엄지손가락이 갈라지는 부분에서 1코를 줍는다.

1단: (겉뜨기1, 안뜨기1)을 반복한다.
1단을 2회 더 반복한다. 또는 고무단 길이가 1cm가 될 때까지 반복한다.

코를 모두 막는다.

왼손
오른손과 같은 방식으로 작업하되 필요한 경우에는 왼손용 차트도안을 사용한다.

마무리
손가락이 갈라지는 부분에서 벌어진 틈을 좁히도록 신경 쓰면서 안쪽 면에 덧수를 놓는 방식으로 실끝을 꿰매 숨긴다.

웨트 블로킹
상온의 물에 순한 세제나 울 전용세제를 사용해 장갑을 손세탁한다. 깨끗한 물에 가볍게 흔들어 헹군 뒤 수건으로 감싸고 눌러서 물기를 짜낸다. 평평하게 펼쳐서 말린다. 장갑이 다 마르면 스팀다리미로 증기를 쐬어 옆에 생긴 주름을 없애준다.

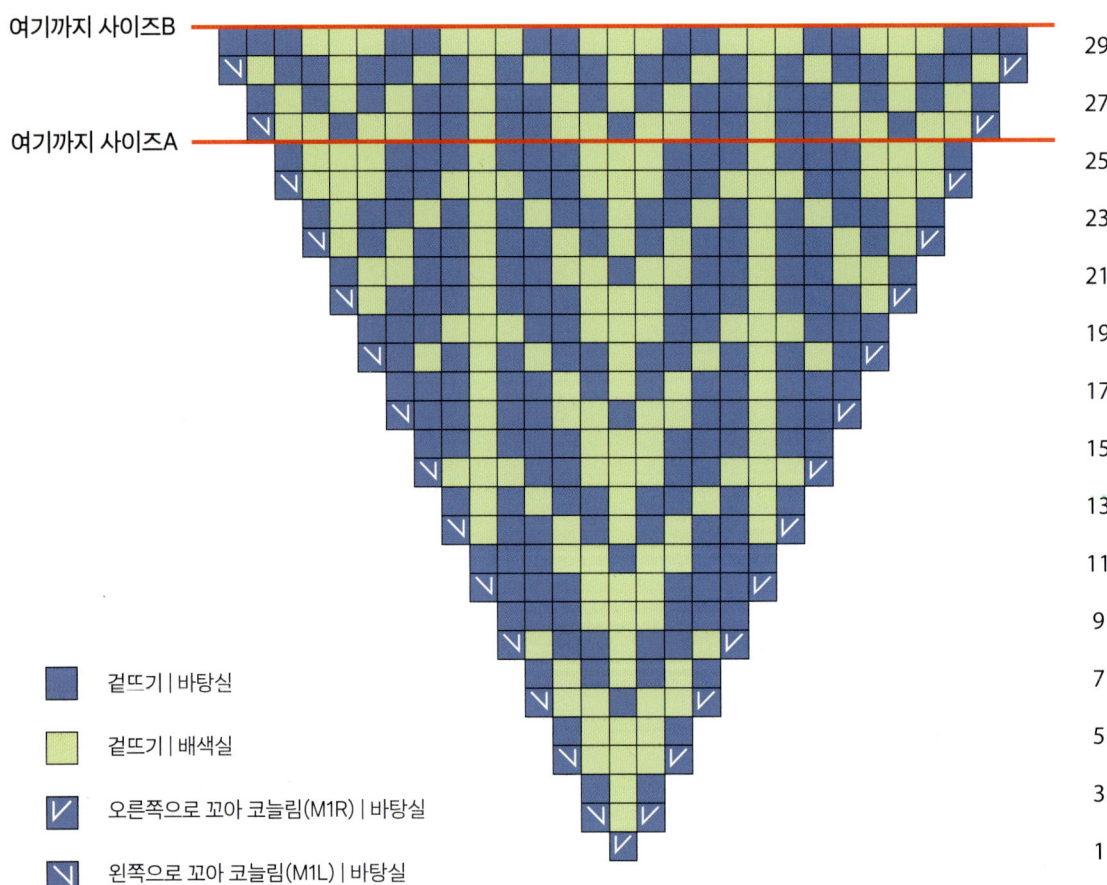

충돌(오른손)

10코 반복

앵무조개(오른손) 사이즈A

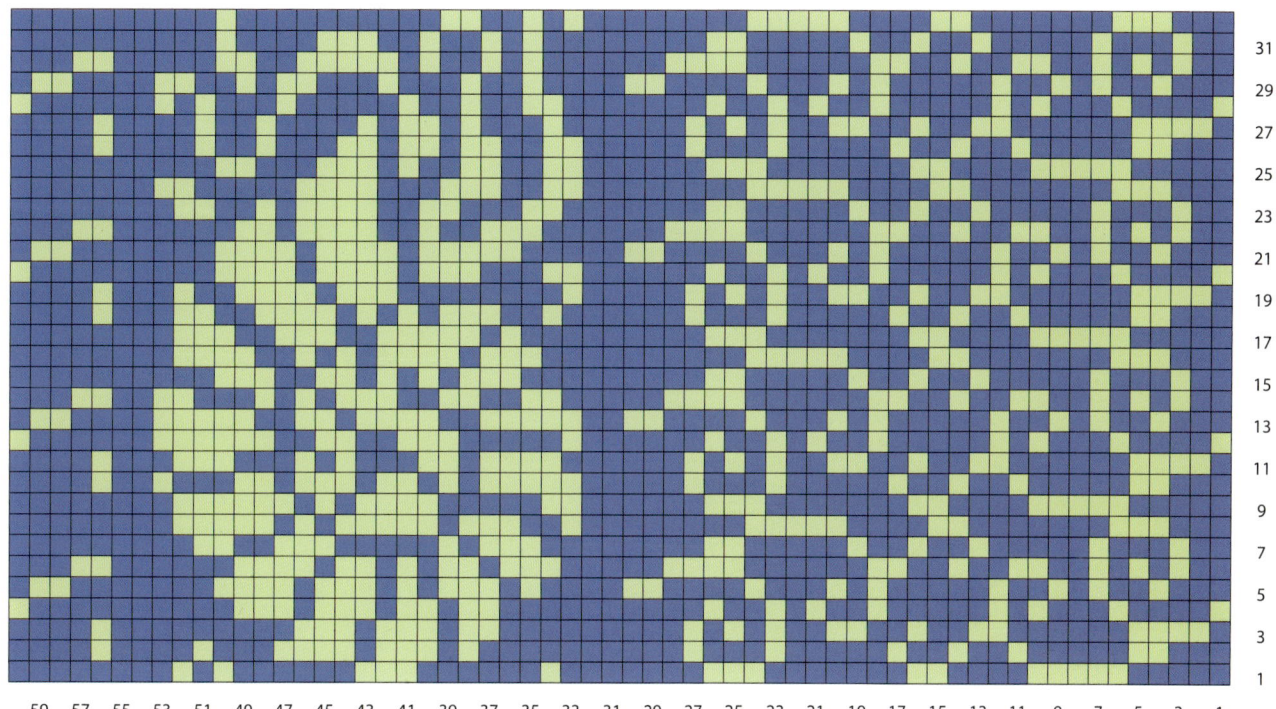

앵무조개(오른손) 사이즈B

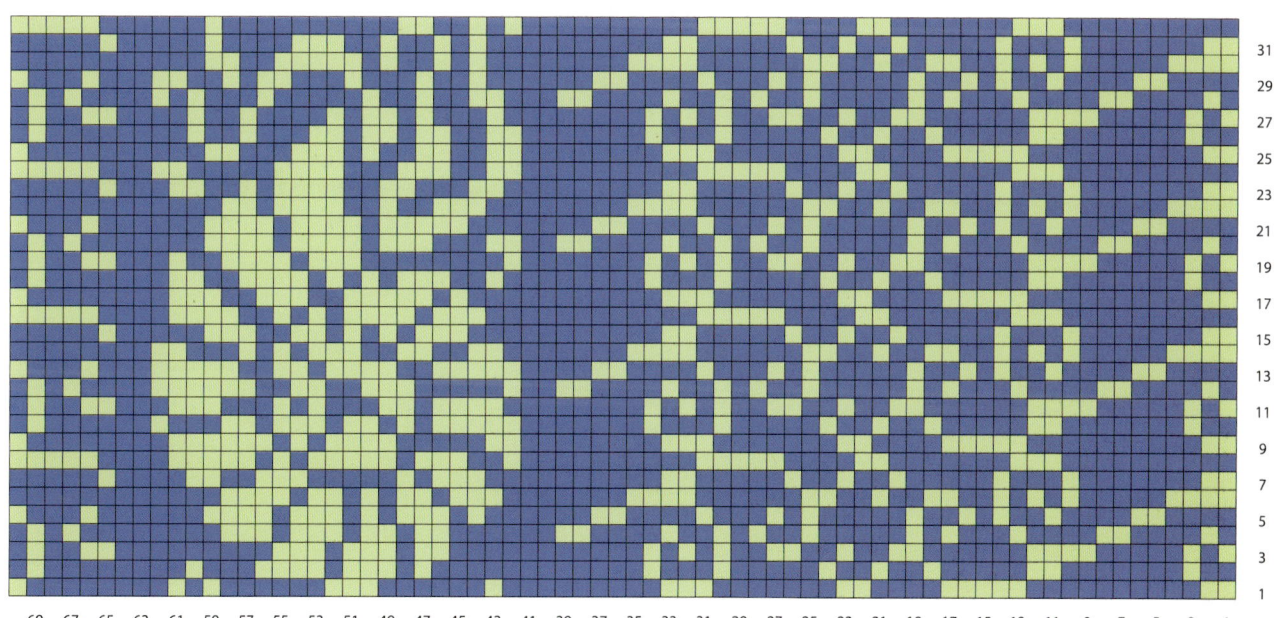

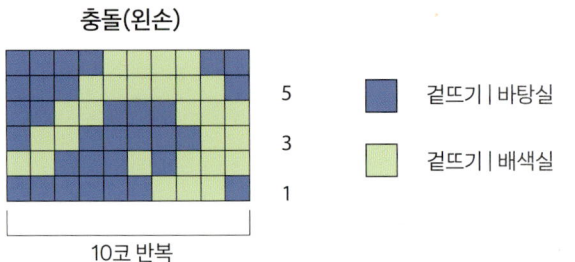

충돌(왼손)

■ 겉뜨기 | 바탕실
□ 겉뜨기 | 배색실

10코 반복

앵무조개(왼손) 사이즈A

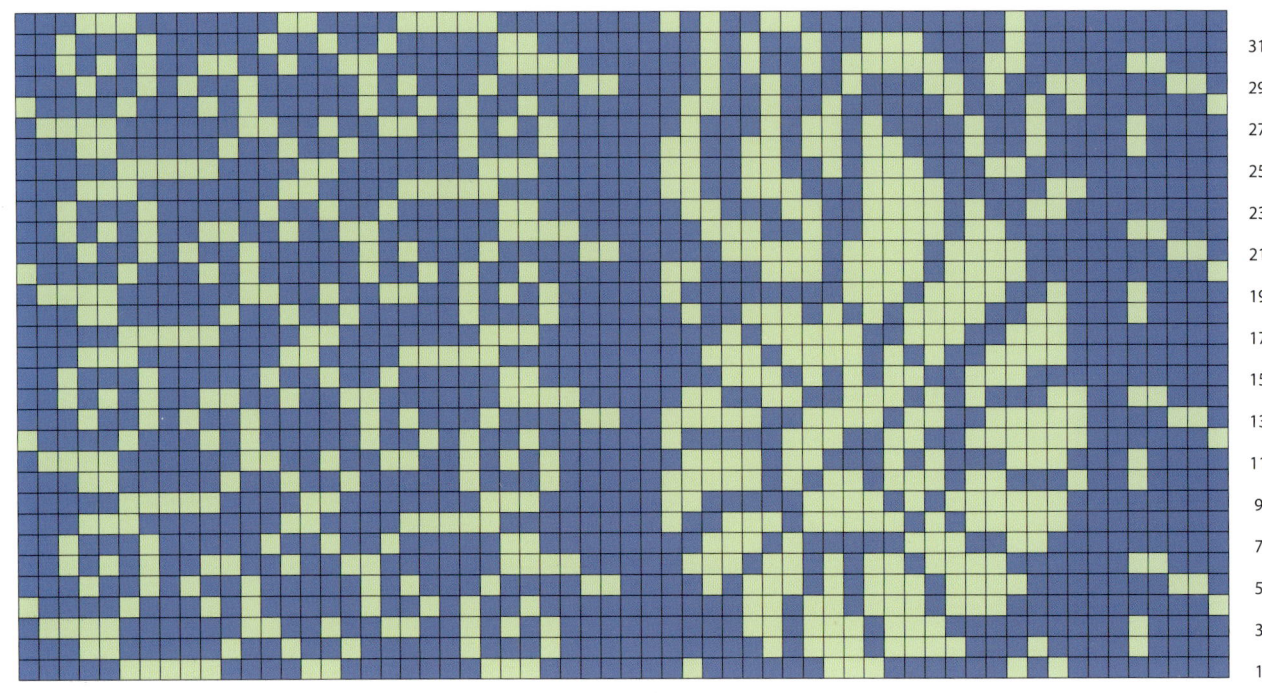

앵무조개(왼손) 사이즈B

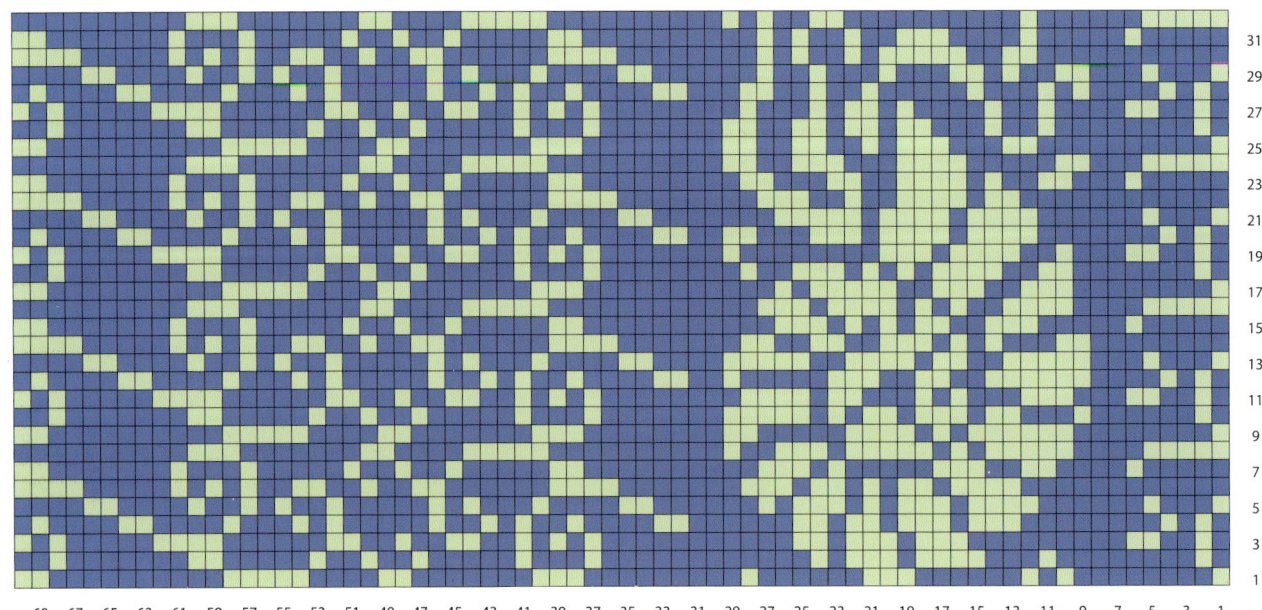

MIDNIGHT GARDEN PULLOVER

한밤의 정원 풀오버

늘어진 덩굴과 꽃이 요크 부분을 장식하는 매력적인 풀오버입니다. 여유 있는 핏과 단순한 톱다운 구조, DK 굵기의 실이 인상적인 모티브와 잘 어우러져서 뜨는 재미가 있는 멋진 스웨터입니다. 만드는 것도, 입는 것도 즐거울 거예요.

사이즈 & 완성 치수

사이즈
A (B, C, D, E) [F, G, H, I] (J, K, L, M)

완성 치수
가슴둘레: 84 (91.5, 99, 107.5, 114.5) [122, 129.5, 138, 145] (152.5, 160, 168.5, 175.5)cm
그 밖의 치수는 **한밤의 정원 풀오버** 상세 치수 참고.
샘플 노란색 꽃무늬: 사이즈A(모델 가슴둘레보다 2.5cm 작음)
샘플 빨간색 꽃무늬: 사이즈E(모델 가슴둘레보다 9cm 여유 있음)

실

DK 굵기의 실 두 가지 색상.
바탕실
934 (1008, 1086, 1106, 1122) [1190, 1233, 1329, 1438] (1513, 1599, 1699, 1791)m
배색실
103 (109, 109, 120, 132) [137, 146, 158, 171] (178, 184, 197, 204)m

샘플에 사용한 실
파머스 도터THE FARMER'S DAUGHTER | 피슈쿤Pishkun(100% 몬태나 & 와이오밍 랑부예 울, 1타래 233m/100g)
바탕실: 5 (5, 5, 5, 5) [6, 6, 6, 6] (7, 7, 8, 8)타래 / 배색실: 1타래

샘플 사이즈A 색상 - 바탕실: 캐슬 록Castle Rock / 배색실: 웨더스 오리지널Werther's OG
샘플 사이즈E 색상 - 바탕실: 엘크 앤틀러Elk Antler / 배색실: 보이랜드Boyland

바늘

고무단 및 메리야스단: 4mm(미국 6호) - ①80cm 줄바늘, ②40cm 줄바늘, ③장갑바늘 또는 짧은 둘레의 원통뜨기가 가능한 선호하는 바늘(예: 매직루프 기법을 쓸 수 있는 긴 줄바늘)
배색 단: 5mm(미국 8호) - 80cm 줄바늘

게이지

4mm 바늘로 메리야스뜨기를 한 게이지:
22코×28단=10×10cm
5mm 바늘로 배색 패턴을 뜬 게이지: 22코×26단=10×10cm
4mm 바늘로 고무뜨기를 한 게이지: 27코×32단=10×10cm
올바른 게이지를 얻기 위해 필요하다면 바늘 사이즈를 변경하세요.

부자재

마커(단코 표시링), 돗바늘, 별도의 실, 여분의 줄바늘(메리야스 게이지에 맞거나 그보다 작은 호수로 준비)

일러두기

- 풀오버는 톱다운 방식으로 이음매 없이 원통뜨기로 작업합니다. 요크는 먼저 되돌아뜨기로 뒷목 단차를 만들어주고 이후 몸판과 소매를 분리해 각각 작업합니다. 네크라인은 코를 막은 다음 새로이 코를 줍고 아이코드로 테두리를 만들어 마무리합니다.

- 패턴을 읽기 쉽도록 사이즈 A~E는 130~135쪽, 사이즈 F~M은 136~141쪽으로 나누었습니다. 내 사이즈에 맞는 패턴인지 페이지를 꼭 확인하세요

한밤의 정원 풀오버 상세 치수

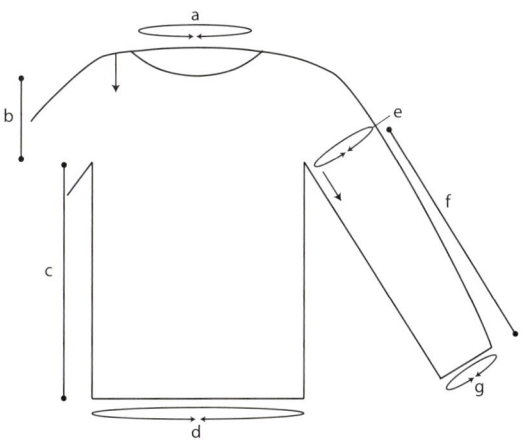

완성 치수

a: 46.5 (46.5, 46.5, 46.5, 46.5) [**46.5, 48.5, 48.5, 48.5**] (48.5, 48.5, 51, 51)cm

b(앞판 요크 깊이): 19.5 (20.5, 21, 21.5, 22) [**23, 23.5, 24, 25**] (25.5, 26, 26.5, 27.5)cm

c: 35.5cm

d: 84 (91.5, 99, 107.5, 114.5) [**122, 129.5, 138, 145**] (152.5, 160, 168.5, 175.5)cm

e: 30.5 (32, 34.5, 40, 43) [**45, 46.5, 48.5, 53.5**] (54.5, 56.5, 57, 58.5)cm

f: 45.5cm

g: 20.5 (20.5, 20.5, 21, 21) [**22, 22, 23, 23**] (24, 25, 25, 26)cm

만드는 법
사이즈 A (B, C, D, E)

요크
작은 호수의 40cm 줄바늘과 바탕실로 코를 100코 잡는다. 이제 마커를 걸고 원통으로 이어 뜬다. 단이 시작되는 곳이 뒤판의 정중앙인 뒷중심이 된다.

겉뜨기를 1단 뜬다.

뒷목 단차 만들기
참고: 뒷목에 단차를 만들기 위해 되돌아뜨기를 한다. 이렇게 하면 뒤판보다 앞판의 네크라인이 더 내려가기 때문에 훨씬 편하게 입을 수 있다.

되돌아뜨기 1단: 겉뜨기33, 랩앤턴.
되돌아뜨기 2단: 마커까지 안뜨기, 마커 넘기기, 안뜨기33, 랩앤턴.
되돌아뜨기 3단: 마커까지 겉뜨기, 마커 넘기기, 겉뜨기29, 랩앤턴.
되돌아뜨기 4단: 마커까지 안뜨기, 마커 넘기기, 안뜨기29, 랩앤턴.
되돌아뜨기 5단: 마커까지 겉뜨기, 마커 넘기기, 겉뜨기25, 랩앤턴.
되돌아뜨기 6단: 마커까지 안뜨기, 마커 넘기기, 안뜨기25, 랩앤턴.
되돌아뜨기 7단: 마커까지 겉뜨기, 마커 넘기기, 겉뜨기21, 랩앤턴.
되돌아뜨기 8단: 마커까지 안뜨기, 마커 넘기기, 안뜨기21, 랩앤턴.
되돌아뜨기를 다음과 같이 마무리한다.
마커까지 겉뜨기를 한다. 마커를 넘기고 단의 끝까지 겉뜨기를 하되 랩한 코, 즉 실로 감싼 코를 만나면 그 코와 감싼 실을 한꺼번에 뜬다.

요크 형태 만들기
참고: 40cm 줄바늘로 뜨기 힘들어지면 작은 호수의 긴 줄바늘로 바꾼다.

다음 단에서는 이어지는 설명대로 12 (19, 19, 33, 24) 코를 균등하게 늘린다.

늘림단: 겉뜨기4 (2, 2, 1, 2),
{1코 코늘림, 겉뜨기9 (5, 5, 3, 5)}—2 (7, 7, 16, 2)회 반복,
{1코 코늘림, 겉뜨기8 (6, 6, 4, 4)}—7 (5, 5, 1, 19)회 반복,
{1코 코늘림, 겉뜨기9 (5, 5, 3, 5)}—2 (6, 6, 15, 2)회 반복,
1코 코늘림, 겉뜨기4 (3, 3, 2, 2).

총 112 (119, 119, 133, 124)코.

사이즈E 한정
다음 단에서는 이어지는 설명대로 23코를 균등하게 늘린다.

늘림단: 겉뜨기2,
{1코 코늘림, 겉뜨기5}—7회 반복,
{1코 코늘림, 겉뜨기6}—9회 반복,
{1코 코늘림, 겉뜨기5}—6회 반복,
1코 코늘림, 겉뜨기3.

모든 사이즈
총 112 (119, 119, 133, 147)코.

요크 배색 구간
참고: 게이지를 유지하기 위해 필요하다면 배색 단을 뜰 때는 큰 호수 바늘로 바꾼다. 차트도안은 바탕이 밝은색인 도안과 바탕실이 어두운색인 도안 두 가지가 있다. 프로젝트의 배색 계획에 맞는 도안을 사용한다.

바탕실과 배색실로 요크 둘레를 따라 차트도안A를 매 단 16 (17, 17, 19, 21)회 반복해 1단부터 40단까지 뜬다.

총 256 (272, 272, 304, 336)코.

차트도안을 다 뜨고 나면 실끝을 15cm 정도 남기고 배색실을 자른다. 게이지를 유지하는 데 필요하다면 다시 작은 호수의 긴 줄바늘로 바꾼다.

바탕실로 겉뜨기를 2단 뜬다.

사이즈 A (B, -, D, E) 한정
다음과 같이 14 (20, -, 21, 19)코를 균등하게 늘린다.
늘림단: 겉뜨기9 (6, -, 7, 8),
{1코 코늘림, 겉뜨기19 (14, -, 15, 17)}—2 (6, -, 5, 3)회 반복,
{1코 코늘림, 겉뜨기18 (13, -, 14, 18)}—9 (7, -, 10, 13)회 반복,
{1코 코늘림, 겉뜨기19 (14, -, 15, 17)}—2 (6, -, 5, 2)회 반복,
1코 코늘림, 겉뜨기9 (7, -, 7, 9).

차트도안A(어두운색 바탕실) 차트도안A(밝은색 바탕실)

겉뜨기 | 바탕실
겉뜨기 | 배색실
오른쪽으로 꼬아 코늘림(M1R) | 바탕실
왼쪽으로 꼬아 코늘림(M1L) | 바탕실

사이즈C 한정
늘림단1: 겉뜨기6, {1코 코늘림, 겉뜨기13}—20회 반복, 1코 코늘림, 겉뜨기6.
늘림단2: 겉뜨기6, {1코 코늘림, 겉뜨기14}—20회 반복, 1코 코늘림, 겉뜨기7.

사이즈 - (-, -, D, E) 한정
다음 단에서는 이어지는 설명대로 - (-, -, 21, 19)코를 늘린다.
늘림단: 겉뜨기- (-, -, 7, 9),
{1코 코늘림, 겉뜨기- (-, -, 16, 18)} — - (-, -, 5, 3)회 반복,
{1코 코늘림, 겉뜨기- (-, -, 15, 19)} — - (-, -, 10, 13)회 반복,
{1코 코늘림, 겉뜨기- (-, -, 16, 18)} — - (-, -, 5, 2)회 반복,
1코 코늘림, 겉뜨기- (-, -, 8, 9).

총 270 (292, 314, 346, 374)코.

모든 사이즈
겉뜨기로 6 (7, 8, 10, 11)단을 더 뜬다. 또는 코를 잡은 가장자리부터 앞중심을 따라 쟀을 때 요크 깊이가 19.5 (20.5, 21, 21.5, 22)cm가 될 때까지, 혹은 원하는 길이가 될 때까지 뜬다.
참고: 앞판의 한가운데를 의미하는 앞중심은 단의 시작을 표시하며 걸어둔 시작 마커의 정반대 지점을 의미한다. 시작 마커는 뒤판의 한가운데를 의미하는 뒷중심에 해당한다. 뒷중심부터 요크 깊이를 재면 뒷목단차를 만들면서 작업한 되돌아뜨기를 고려해야 하므로 앞중심에서 재는 것이 중요하다.

> **치수 결정을 위한 팁**
> 내 몸에 잘 맞게 뜨려면 무늬 없는 메리야스뜨기 구간으로 들어가기에 앞서 입어보고 몇 단을 더 작업해야 할지 결정하세요. 사진과 같은 모양으로 만들려면 요크는 겨드랑이 바로 밑에서 끝나야 합니다. 몸판을 몇 cm 뜬 다음 다시 입어보고 겨드랑이 위치가 편안한지, 원하는 모양이 만들어지고 있는지 재차 확인합니다. 더 정확하게 결과를 확인하고 싶다면 입어보거나 게이지를 확인하기 전에 작업 중인 편물을 스팀 블로킹하세요.

소매와 몸판 분리
분리단: 겉뜨기40 (44, 48, 51, 55)코. 입었을 때 뒤판 오른쪽 절반에 해당한다.

다음 55 (58, 62, 72, 78)코는 오른쪽 소매를 뜨기 위해 별도의 실로 옮겨둔다.

감아코잡기 기법으로 11 (11, 12, 15, 15)코를 잡아 겨드랑이 부분을 만든다. (**기법 설명 참고**)

겉뜨기80 (88, 95, 101, 109). 앞판에 해당한다.

다음 55 (58, 62, 72, 78)코는 왼쪽 소매를 뜨기 위해 별도의 실로 옮겨둔다.

감아코잡기 기법으로 11 (11, 12, 15, 15)코를 잡아 겨드랑이 부분을 만든다.

겉뜨기40 (44, 47, 50, 54). 뒤판의 왼쪽 절반에 해당한다.

총 182 (198, 214, 232, 248)코가 몸판이 된다.

몸판
겨드랑이부터 쟀을 때 몸판 길이가 28cm가 될 때까지 메리야스뜨기(매 단 겉뜨기)를 한다. 게이지가 패턴과 동일하다면 77단을 뜨면 된다.

밑단
고무단: (겉뜨기1, 안뜨기1)을 단의 끝까지 반복한다.
고무단의 길이가 7.5cm가 될 때까지 반복한다. 게이지가 패턴과 동일하다면 24단을 뜨면 된다.

튜뷸러 코막음 기법으로 코를 모두 막는다. (**기법 설명 참고**)

소매(2장)
별도의 실로 옮겨둔 코를 작은 호수의 길이가 짧은 줄바늘로 옮긴다. 바탕실을 연결하고 끝까지 겉뜨기한다. 겨드랑이에서 6 (6, 7, 8, 8)코를 줍는다. (겨드랑이에 구멍이 생기지 않도록 감아코로 만든 코와 소매 코 사이에서 1코를 추가로 줍고, 감아코에서 1코씩 줍는다.) 마커를 걸어 단의 시작을 표시하고 겨드랑이에서 7 (7, 7, 9, 9)코를 줍는다. (감아코로 만든 코에서 1코씩 줍고 감아코와 소매 코 사이에서 1코를 추가로 줍는다.) 단의 끝까지 겉뜨기한다.

총 68 (71, 76, 89, 95)코.

다음 단에서는 소매와 겨드랑이 사이에서 추가로 주운 코를 이어지는 설명대로 줄인다.

다음 단(줄임단): 겉뜨기6 (6, 6, 8, 8), 2코모아겉뜨기(k2tog). 마커에서 7 (7, 8, 9, 9)코 전까지 겉뜨기, 2코모아겉뜨기(k2tog), 단의 끝까지 겉뜨기한다.

총 66 (69, 74, 87, 93)코가 남는다.

겉뜨기로 20 (20, 18, 18, 16)단을 뜬다.

다음 단에 이어지는 설명대로 줄임단을 뜨고 앞으로 매 8 (8, 6, 6, 4)번째 단마다 1회씩, 총 7 (4, 10, 0, 20)회 줄임단을 뜬다. 그다음에는 매 6 (6, 4, 4, 2)번째 단마다 1회씩, 총 3 (7, 4, 19, 2)회 줄임단을 뜬다.
줄임단: 겉뜨기1, 오른코 모아뜨기(ssk), 마지막 2코 남을 때까지 겉뜨기, 2코모아겉뜨기(k2tog). 2코가 줄었다.

총 44 (45, 44, 47, 47)코가 남는다.

겉뜨기로 8 (8, 8, 8, 2)단을 더 뜬다. 또는 겨드랑이에서부터 쟀을 때 소매 길이가 38cm가 될 때까지 뜬다.

다음 단에서는 이어지는 설명대로 0 (1, 0, 1, 1)코를 줄인다.
참고: 선택한 사이즈에서 줄여야 하는 콧수가 0이라면 이 단은 뜨지 않는다.
줄임단: 겉뜨기1, 오른코 모아뜨기(ssk), 단의 끝까지 겉뜨기한다.

총 44 (44, 44, 46, 46)코가 남는다.

소맷단
다음과 같이 1코고무뜨기를 한다.
고무단: (겉뜨기1, 안뜨기1)을 단의 끝까지 반복한다.
고무단 뜨기를 23회 더 반복하거나 소맷단 길이가 7.5cm가 될 때까지 반복한다.

몸판과 같이 튜블러 코막음 기법으로 코를 막는다.

아이코드 칼라
코를 잡을 때 남긴 실끝이 있는 뒷중심 지점에서 시작해 40cm 줄바늘과 배색실로 네크라인을 따라 100코를 줍는다.
참고: 처음에 잡은 코마다 1코씩 주우면 된다.

모든 코를 아이코드 코막음 기법으로 막는다. (**기법 설명** 참고)

마무리
안쪽 면에 덧수를 놓는 방식으로 실끝을 꿰매 숨긴다.

웨트 블로킹
스웨터를 상온의 물에 순한 세제 또는 울 전용세제로 손세탁한다. 깨끗한 물에 부드럽게 흔들어 헹군 뒤 수건으로 눌러 물기를 제거한다. 평평한 곳에 뉘어서 건조한다. 스웨터가 마르면 스팀다리미로 증기를 쐬어 몸판과 소매 옆선에 생긴 주름을 제거한다.

만드는 법
사이즈[F, G, H, I] (J, K, L, M)

요크
작은 호수의 40cm 줄바늘과 바탕실로 코를 [100, 104, 104, 104] (104, 104, 110, 110)코 잡는다. 이제 마커를 걸고 원통으로 이어 뜬다. 단이 시작되는 곳이 뒤판의 정중앙인 뒷중심이 된다.

겉뜨기를 1단 뜬다.

뒷목 단차 만들기
참고: 뒷목에 단차를 만들기 위해 되돌아뜨기를 한다. 이렇게 하면 뒤판보다 앞판의 네크라인이 더 내려가기 때문에 훨씬 편하게 입을 수 있다.

되돌아뜨기 1단: 겉뜨기[33, 35, 35, 35] (35, 35, 37, 37), 랩앤턴.
되돌아뜨기 2단: 마커까지 안뜨기, 마커 넘기기, 안뜨기[33, 35, 35, 35] (35, 35, 37, 37), 랩앤턴.
되돌아뜨기 3단: 마커까지 겉뜨기, 마커 넘기기, 겉뜨기[29, 31, 31, 31] (31, 31, 33, 33), 랩앤턴.
되돌아뜨기 4단: 마커까지 안뜨기, 마커 넘기기, 안뜨기[29, 31, 31, 31] (31, 31, 33, 33), 랩앤턴.
되돌아뜨기 5단: 마커까지 겉뜨기, 마커 넘기기, 겉뜨기[25, 27, 27, 27] (27, 27, 29, 29), 랩앤턴.
되돌아뜨기 6단: 마커까지 안뜨기, 마커 넘기기, 안뜨기[25, 27, 27, 27] (27, 27, 29, 29), 랩앤턴.
되돌아뜨기 7단: 마커까지 겉뜨기, 마커 넘기기, 겉뜨기[21, 23, 23, 23] (23, 23, 25, 25), 랩앤턴.
되돌아뜨기 8단: 마커까지 안뜨기, 마커 넘기기, 안뜨기[21, 23, 23, 23] (23, 23, 25, 25), 랩엔딘.
되돌아뜨기를 다음과 같이 마무리한다.
마커까지 겉뜨기를 한다. 마커를 넘기고 단의 끝까지 겉뜨기를 하되 랩한 코, 즉 실로 감싼 코를 만나면 그 코와 감싼 실을 한꺼번에 뜬다.

요크 형태 만들기
참고: 40cm 줄바늘로 뜨기 힘들어지면 작은 호수의 긴 줄바늘로 바꾼다.

다음 단에서는 이어지는 설명대로 [28, 22, 28, 36] (40, 42, 46, 50)코를 균등하게 늘린다.
늘림단: 겉뜨기[1, 2, 1, 1] (1, 1, 1, 1),
{1코 코늘림, 겉뜨기[4, 5, 4, 3] (3, 3, 3, 3)}—[8, 8, 10, 16] (12, 10, 9, 5)회 반복,
{1코 코늘림, 겉뜨기[3, 4, 3, 2] (2, 2, 2, 2)}—[11, 5, 7, 3] (15, 21, 27, 39)회 반복,
{1코 코늘림, 겉뜨기[4, 5, 4, 3] (3, 3, 3, 3)}—[8, 8, 10, 16] (12, 10, 9, 5)회 반복,
1코 코늘림, 겉뜨기 [2, 2, 2, 1] (1, 1, 1, 1).

총 [128, 126, 132, 140] (144, 146, 156, 160)코.

사이즈[F, -, H, -] (J, K, L, M) 한정
다음 단에서는 이어지는 설명대로 [26, -, 29, -] (38, 43, 47, 50)코를 균등하게 늘린다.
늘림단: 겉뜨기[2, -, 2, -] (1, 1, 1, 1),
{1코 코늘림, 겉뜨기[5, -, 5, -] (4, 3, 3, 4)}—[12, -, 8, -] (15, 13, 16, 5)회 반복,
{1코 코늘림, 겉뜨기[4, -, 4, -] (3, 4, 4, 3)}—[1, -, 12, -] (7, 17, 15, 39)회 반복,
{1코 코늘림, 겉뜨기[5, -, 5, -] (4, 3, 3, 4)}—[12, -, 8, -] (15, 12, 15, 5)회 반복,
1코 코늘림, 겉뜨기[2, -, 2, -] (2, 2, 2, 2).

사이즈[-, G, -, I] 한정
다음 단에서는 이어지는 설명대로 [-, 21, -, 35]코를 균등하게 늘린다.
늘림단: 겉뜨기[-, 3, -, 2],
{1코 코늘림, 겉뜨기[-, 6, -, 4]}—[-, 20, -, 34]회 반복,
1코 코늘림, 겉뜨기[-, 3, -, 2].

모든 사이즈
총 [154, 147, 161, 175] (182, 189, 203, 210)코.

요크 배색 구간
참고: 게이지를 유지하기 위해 필요하다면 배색 단을 뜰 때는 큰 호수 바늘로 바꾼다. 차트도안은 바탕실이 밝은색인 도안과 바탕실이 어두운색인 도안 두 가지가 있다. 프로젝트의 배색 계획에 맞는 도안을 사용한다.

차트도안B(어두운색 바탕실)

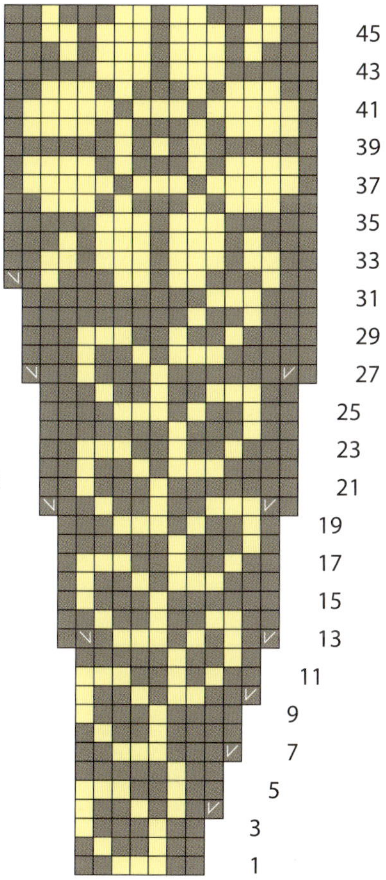

차트도안B(밝은색 바탕실)

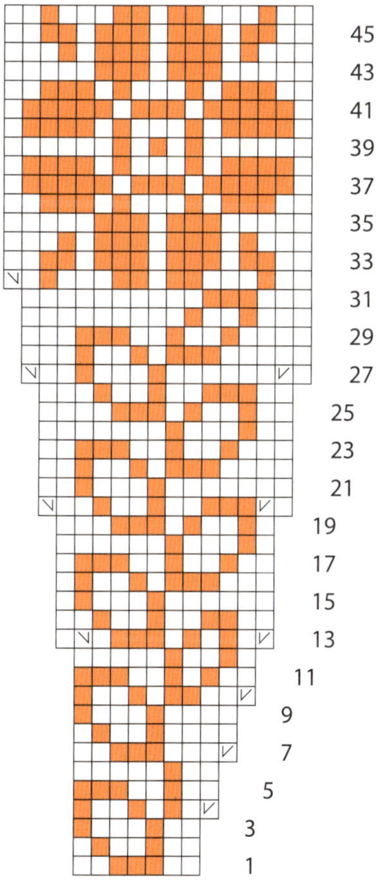

범례:
- 겉뜨기 | 바탕실
- 겉뜨기 | 배색실
- 오른쪽으로 꼬아 코늘림(M1R) | 바탕실
- 왼쪽으로 꼬아 코늘림(M1L) | 바탕실

패턴 137

바탕실과 배색실로 요크 둘레를 따라 배색 차트도안[A, B, B, B] (B, B, B, B)를 매 단 [22, 21, 23, 25] (26, 27, 29, 30)회 반복하며 1단부터 [40, 46, 46, 46] (46, 46, 46, 46)단까지 뜬다.

총 [352, 357, 391, 425] (442, 459, 493, 510)코.

차트도안을 다 뜨고 나면 실끝을 15cm 정도 남기고 배색실을 자른다. 게이지를 유지하는 데 필요하다면 다시 작은 호수의 긴 줄바늘로 바꾼다. 바탕실로 겉뜨기를 2단 한다.

다음 단에서는 아래 설명대로 [19, 28, 22, 22] (24, 24, 18, 20)코를 균등하게 늘린다.
늘림단: 겉뜨기[9, 6, 8, 9] (9, 9, 13, 12),
{1코 코늘림, 겉뜨기[19, 12, 17, 19] (19, 19, 27, 26)}―[5, 3, 2, 7] (5, 10, 5, 5)회 반복,
{1코 코늘림, 겉뜨기[18, 13, 18, 20] (18, 20, 28, 25)}―[8, 21, 17, 7] (13, 3, 7, 9)회 반복,
{1코 코늘림, 겉뜨기[19, 12, 17, 19] (19, 19, 27, 26)}―[5, 3, 2, 7] (5, 10, 5, 5)회 반복,
{1코 코늘림, 겉뜨기[9, 6, 9, 10] (9, 10, 14, 13)}.

사이즈[F, G, H, I] (J, -, L, M) 한정
다음 단에서는 이어지는 설명대로 [19, 27, 21, 21] (24, -, 17, 20)코를 균등하게 늘린다.
늘림단: 겉뜨기[9, 7, 9, 10] (9, -, 15, 13),
{1코 코늘림, 겉뜨기[20, 14, 20, 22] (20, -, 30, 27)}―[5, 10, 7, 3] (5, -, 8, 5)회 반복,
{1코 코늘림, 겉뜨기[19, 15, 19, 21] (19, -, 31, 26)}―[8, 7, 6, 14] (13, -, 1, 9)회 반복,
{1코 코늘림, 겉뜨기[20, 14, 20, 22] (20, -, 30, 27)}―[5, 9, 7, 3] (5, -, 7, 5)회 반복,
1코 코늘림, 겉뜨기[10, 7, 10, 11] (10, -, 15, 13).

사이즈K 한정
늘림단: 겉뜨기10, {1코 코늘림, 겉뜨기 21}―22회 반복, 1코 코늘림, 겉뜨기 11.

총 [390, 412, 434, 468] (490, 506, 528, 550)코.

모든 사이즈
겉뜨기로 [12, 8, 9, 11] (13, 15, 16, 18)단을 더 뜬다. 또는 코를 잡은 가장자리부터 앞중심을 따라 쟀을 때 요크 깊이가 [23, 23.5, 24, 25] (25.5, 26, 26.5, 27.5)cm가 될 때까지, 혹은 원하는 길이가 될 때까지 뜬다.
참고: 앞판의 한가운데를 의미하는 앞중심은 단의 시작을 표시하며 걸어둔 시작 마커의 정반대 지점을 의미한다. 시작 마커는 뒤판의 한가운데를 의미하는 뒷중심에 해당한다. 뒷중심에서 요크 깊이를 재면 뒷목 단차를 만들면서 작업한 되돌아뜨기를 고려해야 하므로 앞중심에서 재는 것이 중요하다.

> **치수 결정을 위한 팁**
> 내 몸에 잘 맞게 뜨려면 무늬 없는 메리야스뜨기 구간으로 들어가기에 앞서 입어보고 몇 단을 더 작업해야 하는지 결정하세요. 사진과 같은 모양으로 만들려면 요크는 겨드랑이 바로 밑에서 끝나야 합니다. 몸판을 몇 cm 뜬 다음 다시 입어보고 겨드랑이 위치가 편안한지, 원하는 모양이 만들어지고 있는지 재차 확인합니다. 더 정확하게 결과를 확인하고 싶다면 입어보거나 게이지를 확인하기 전에 작업 중인 편물을 스팀 블로킹하세요.

소매와 몸판 분리
분리단: 겉뜨기[58, 62, 66, 69] (73, 76, 81, 85). 입었을 때 뒤판의 오른쪽 절반에 해당한다.

다음 [80, 83, 86, 96] (99, 101, 103, 106)코는 오른쪽 소매를 뜨기 위해 별도의 실로 옮겨 둔다.

감아코잡기 기법으로 [17, 17, 18, 19] (19, 21, 21, 21)코를 잡아 겨드랑이 부분을 만든다. (**기법 설명** 참고)

겉뜨기[115, 123, 131, 138] (146, 152, 161, 169). 앞판에 해당한다.

다음 [80, 83, 86, 96] (99, 101, 103, 106)코는 왼쪽 소매를 뜨기 위해 별도의 실로 옮겨둔다.

감아코잡기 기법으로 [17, 17, 18, 19] (19, 21, 21, 21)코를 잡아 겨드랑이 부분을 만든다.

겉뜨기[57, 61, 65, 69] (73, 76, 80, 84). 뒤판의 왼쪽 절반에 해당한다.

총 [264, 280, 298, 314] (330, 346, 364, 380)코가 몸판이 된다.

몸판
겨드랑이부터 쟀을 때 몸판의 길이가 28cm가 될 때까지 메리야스뜨기(매 단 겉뜨기)를 한다. 게이지가 패턴과 동일하다면 77단을 뜨면 된다.

밑단
고무단: (겉뜨기1, 안뜨기1)을 단의 끝까지 반복한다.
고무단의 길이가 7.5cm가 될 때까지 반복한다. 게이지가 패턴과 동일하다면 24단을 뜨면 된다.

튜뷸러 코막음 기법으로 코를 모두 막는다. (**기법 설명** 참고)

소매(2장)
별도의 실로 옮겨둔 코를 작은 호수의 길이가 짧은 줄바늘로 옮긴다. 바탕실을 연결하고 끝까지 겉뜨기한다. 겨드랑이에서 [9, 9, 10, 10] (10, 11, 11, 11)코를 줍는다. (겨드랑이에 구멍이 생기지 않도록 감아코로 만든 코와 소매 코 사이에서 1코를 추가로 줍고, 감아코에서 1코씩 줍는다.) 마커를 걸어 단의 시작을 표시하고 다시 겨드랑이에서 [10, 10, 10, 11] (11, 12, 12, 12)코를 줍는다. (감아코로 만든 코에서 1코씩 줍고 감아코와 소매 코 사이에서 1코를 추가로 줍는다.) 단의 끝까지 겉뜨기한다.

총 [99, 102, 106, 117] (120, 124, 126, 129)코.

다음 단에서는 소매와 겨드랑이 사이에서 추가로 주운 코를 이어지는 설명대로 줄인다.
다음 단(줄임단): 겉뜨기[9, 9, 9, 10] (10, 11, 11, 11), 2코모아겉뜨기(k2tog), 마커에서 [10, 10, 11, 11] (11, 12, 12, 12)코 전까지 겉뜨기, 2코모아겉뜨기(k2tog), 단이 끝날 때까지 겉뜨기한다.

총 [97, 100, 104, 115] (118, 122, 124, 127)코가 남는다.

겉뜨기로 16단을 뜬다.

다음 단은 이어지는 설명대로 줄임단을 뜨고, 4번째 단마다 1회씩, 총 [19, 17, 16, 11] (10, 9, 8, 8)회 줄임단을 뜬다. 그 후에는 2번째 단마다 1회씩, 총 [4, 8, 10, 20] (22, 24, 26, 26)회 줄임단을 뜬다.
줄임단: 겉뜨기1, 오른코 모아뜨기(ssk), 마지막 2코 남을 때까지 겉뜨기, 2코모아겉뜨기(k2tog). 2코가 줄었다.

총 [49, 48, 50, 51] (52, 54, 54, 57)코가 남는다.

겉뜨기를 2단 더 뜬다. 또는 겨드랑이부터 쟀을 때 소매 길이가 38cm가 될 때까지 뜬다.
다음 단에서는 이어지는 설명대로 [1, 0, 0, 1] (0, 0, 0, 1)코를 줄인다.
참고: 선택한 사이즈에서 줄여야 하는 콧수가 0이라면 이 단은 뜨지 않는다.
줄임단: 겉뜨기1, 오른코겹치기(ssk), 단의 끝까지 겉뜨기한다.

총 [48, 48, 50, 50] (52, 54, 54, 56)코가 남는다.

소맷단
다음과 같이 1코고무뜨기를 한다.
고무단: (겉뜨기1, 안뜨기1)을 단의 끝까지 반복한다.
고무단 뜨기를 23회 더 반복하거나 소맷단 길이가 7.5cm가 될 때까지 반복한다.

몸판과 같이 튜뷸러 코막음 기법으로 코를 막는다.

아이코드 칼라
코를 잡을 때 남긴 실끝이 있는 뒷중심 지점에서 시작해 40cm 줄바늘과 배색실로 네크라인을 따라 [100, 104, 104, 104] (104, 104, 110, 110)코를 줍는다.
참고: 처음 잡은 코마다 1코씩 주우면 된다.

모든 코를 아이코드 코막음 기법으로 막는다. (**기법 설명** 참고)

마무리
안쪽 면에 덧수를 놓는 방식으로 실끝을 꿰매 숨긴다.

웨트 블로킹
스웨터는 상온의 물에 순한 세제 또는 울 전용세제로 손세탁한다. 깨끗한 물에 부드럽게 흔들어 헹군 뒤 수건으로 눌러 물기를 제거한다. 평평한 곳에 뉘어서 건조한다. 스웨터가 마르면 스팀다리미로 증기를 쐬어 몸판과 소매 옆선에 생긴 주름을 제거한다.

CHAPTER 4

EXTRAS

그 밖에 알아둘 내용

주요 뜨개 기법과 영문 약어

주요 기법을 수행하는 자세한 방법은 이어지는 **기법 설명**을 참고할 것.

2코모아겉뜨기 | k2tog knit 2 stitches together
: 2코를 한꺼번에 겉뜨기한다.

2코모아안뜨기 | p2tog purl 2 stitches together
: 2코를 한꺼번에 안뜨기한다.

걸러뜨기 | sl slip
: (따로 지시가 없는 한 실을 편물의 뒤편에 두고) 바늘을 안뜨기하듯이 찔러 코를 오른쪽 바늘로 넘긴다.

꼬아뜨기 | tbl through back loop
: 왼쪽 바늘에 걸린 코의 앞쪽이 아닌 뒤쪽에 바늘을 찔러서 뜬다.

랩앤턴 | w&t wrap and turn
: 실로 코를 감싼 다음 편물을 뒤집어서 뜨는 기법으로 편물에 경사를 만들 때 사용한다.

오른쪽으로 꼬아 코늘림 | M1R make 1 with right slant
: 오른쪽 바늘의 코와 왼쪽 바늘의 코 사이에 걸쳐진 실을 들어 올린 뒤 오른쪽으로 꼬아 1코 늘린다.

오른코 3코모아뜨기 | sk2p slip 1 stitch knitwise, knit 2 stitches together, pass slipped stitch over
: 바늘을 겉뜨기하듯이 찔러 1코를 오른쪽 바늘로 넘기고, 2코를 함께 겉뜨기한 다음, 처음 넘겼던 코를 겉뜨기한 코에 덮어씌운다.

오른코 모아뜨기(겉뜨기) | ssk slip 2 stitches knitwise, then knit slipped stitches together through back loops
: 바늘을 겉뜨기하듯이 찔러 2코를 오른쪽 바늘로 넘기고 다시 왼쪽 바늘을 오른쪽 바늘 위로 가게 찔러 넣은 다음 2코를 같이 꼬아뜨기로 겉뜨기한다.

오른코 모아뜨기(안뜨기) | ssp slip 2 stitches knitwise, then return slipped stitches to left needle and purl 2 together through back loops
: 바늘을 겉뜨기하듯이 찔러 2코를 오른쪽 바늘로 넘겼다가 바뀐 방향 그대로 왼쪽 바늘에 되돌려놓고 2코를 같이 꼬아뜨기로 (코의 뒤쪽에 바늘을 넣어서) 안뜨기한다.

왼쪽으로 꼬아 코늘림 | M1L make 1 with left slant
: 오른쪽 바늘의 코와 왼쪽 바늘의 코 사이에 걸쳐진 실을 들어 올린 뒤 왼쪽으로 꼬아 1코 늘린다.

코잡기 | CO cast on
: 코를 만들어 바늘에 건다.

코막음 | BO bind off
: 코를 막아 마무리한다.

~ : 반복하는 구간

( ): 일부 사이즈. / 다른 설명, 지시 표시.

[ ]: 일부 사이즈. / 옮긴이주.

{ }: 괄호 안의 지시 전체를 지정된 횟수만큼 작업한다.

참고: 패턴 보는 법

예) 사이즈A (B, C, D)
겉뜨기 9 (6, 7, 8),
{1코 코늘림, 겉뜨기19 (14, 15, 17)}—2(6, 5, 3)회 반복,
1코 코늘림, 겉뜨기9 (7, 7, 9)

이 패턴을 사이즈C로 작업할 경우 다음과 같이 뜹니다.

▶ 겉뜨기7, {1코 코늘림, 겉뜨기15}—괄호 안 지시 5회 반복, 1코 코늘림, 겉뜨기7.

기법 설명

배색 기법

색 표현의 강약: 컬러 도미넌스

두 가지 색으로 뒷면에 실을 걸치는 방식의 가로배색 뜨기를 할 때는 뜨면서 한 실이 다른 실 아래로 가게 됩니다. 아래로 간 실은 위의 실보다 걸치는 길이가 길어지기 때문에 아래 실로 뜬 코가 더 커집니다. 그 결과 아래 실로 뜬 코의 색상이 위쪽 실로 뜬 코의 색상보다 시각적으로 더 두드러져 보이게 됩니다. 이렇게 아래로 가는 실의 색상이 완성된 편물에서 더 눈에 띄기 때문에 이 색을 강조색, 도미넌트 색dominant color이라고 부릅니다. 깔끔하고 선명한 배색을 위해서는 작업하는 동안 일정한 장력을 유지하고 실을 어떤 방식으로 잡든 강조색의 위치를 바꾸지 않는 것이 중요합니다. 차이는 미묘하지만 완성된 편물의 모습이 확실히 달라져요.

실 잡는 법

두 가지 색으로 뜰 때 실을 잡는 방법에는 여러 가지가 있습니다. 모든 방법을 다 시도해보고 어떤 방법이 좋은지 찾아보는 걸 추천해요. 하지만 어떤 방법을 선택하든 그 방법을 일관되게 유지하는 것이 매우 중요합니다. 편물 전체를 한 가지 방식으로 뜨세요. (스와치도 포함입니다. 당연히 스와치 뜨고 블로킹하고 게이지 측정을 하시겠죠? 항상 그렇게 하실 거라고 믿어요.) 그리고 뜨는 내내 각 색의 위치도 일정하게 유지해야 합니다.

한 손에 하나씩 두 손에 나누어 잡기

가로배색 뜨기에서 제가 가장 좋아하는 실 잡는 방법은 양손 잡기입니다. 양손에 하나씩 실을 잡은 다음 왼손에 잡은 실은 걸어서 뜨고(콘티넨털 방식) 오른손에 잡은 실은 감아서 뜹니다(잉글리시 방식). 이 방법을 쓰면 차트도안을 따라가며 리듬을 타기 쉬워요. 어느 색을 뜨고 있는지 뜨면서 확인할 필요가 없거든요. 그리고 작업하는 내내 실 하나는 몸을 기준으로 왼쪽에 두고 다른 하나는 오른쪽에 둘 수 있어요. 뜨는 모습은 다음과 같습니다.

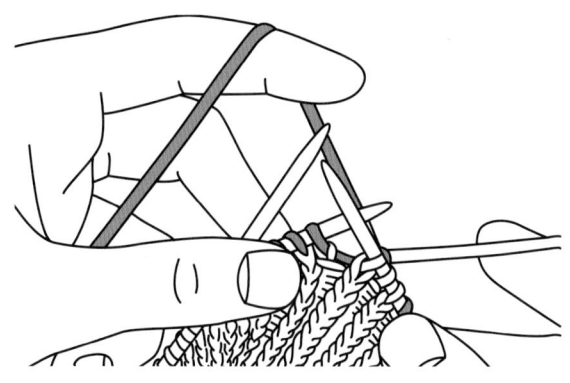

강조색을 왼손에 잡고 바탕색을 오른손에 잡습니다.

두 가지 색을 한 손에 잡기

대바늘 뜨개를 하는 사람은 대부분 콘티넨털이나 잉글리시 중 한 가지 방식에 익숙합니다. 즉 동시에 두 손을 다 쓰려면 연습이 필요합니다. 원한다면 두 가지 색을 모두 한 손에 잡고 뜰 수도 있습니다. 하지만 패턴에서 색상별로 뜨는 콧수가 비슷하지 않거나 한 가지 색으로 뜨는 구간이 길다면, 양손으로 잡고 각각의 색을 독립적으로 뜰 때보다 더 자주 실을 고쳐 잡으며 장력을 적절하게 조절해야 한다는 점이 큰 단점이에요. 단지 알려드리는 것뿐이니 여러분은 여러분의 방식을 찾으세요! 많은 뜨개인이 한 손에 두 실을 다 잡고 행복하게 배색 뜨기를 하고 있으니까요. 뜨는 방법은 다음과 같습니다.

왼손(콘티넨털 방식)

두 실을 모두 왼손으로 잡을 때는 두 가지 색 모두 바늘로 실을 걸어서 뜹니다. 작업하는 동안 강조색의 위치가 왼쪽, 바탕색의 위치가 오른쪽을 유지하도록 주의하세요. 이렇게 위치를 잡으면 바탕색이 검지 끝에 더 가까워집니다.

오른손(잉글리시 방식)

두 실을 모두 오른손으로 잡고 둘 다 바늘에 감는 방식으로도 뜰 수 있습니다. 이때도 강조색이 바탕색의 왼쪽에 오도록 유의하세요.

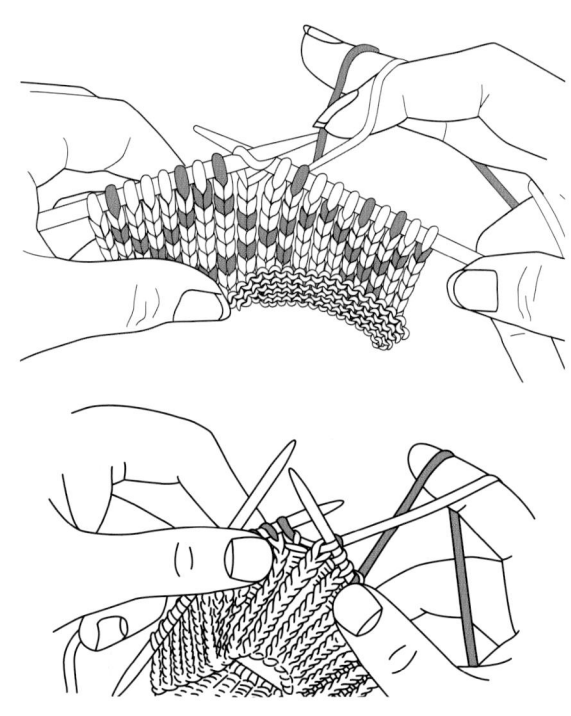

강조색이 바탕색의 왼쪽에 오도록 유의하며 두 실을 모두 왼손으로 잡습니다.

강조색이 바탕색의 왼쪽에 오도록 유의하며 두 실을 모두 오른손에 잡습니다. 강조할 실은 중지 위로 감고 다른 실은 검지에 감아 장력을 유지할 수도 있고, 두 실 모두 검지에 감아 장력을 유지할 수도 있습니다. 어느 쪽이든 강조색을 잡은 위치가 손끝에 더 가까워요.

걸친 실 고정하며 뜨기

플로트라고도 부르는 가로로 걸친 실은 코를 뜨는 데 사용되지 않고 뒷면에 느슨하게 걸쳐지는 실을 말합니다. 5코 이상 걸쳐지면 실이 늘어져서 편물을 입을 때 걸리적거리거나 장력 문제가 발생할 수 있습니다. 따라서 걸친 실을 '붙잡아' 고정하는 과정이 필요해요. 실을 잡는 방법에 따라 어떻게 걸친 실을 고정하며 뜨는지 알려드릴게요.

양손에 실을 잡고 뜰 때 걸친 실 고정하기

강조실 감기 | 밝은색이 강조색

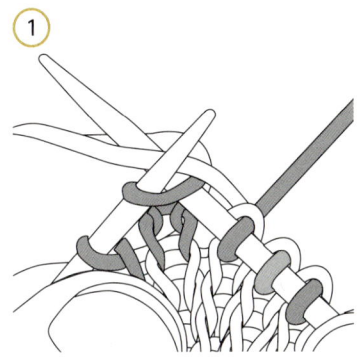

다음 코에 오른쪽 바늘을 찔러 넣고 강조실을 오른쪽에서 왼쪽으로 오른쪽 바늘 위에 감습니다(그림 1).

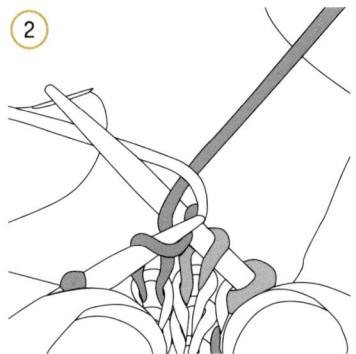

그다음 바탕실을 겉뜨기하듯이 감고 앞서 감았던 강조실을 풉니다(그림 2).

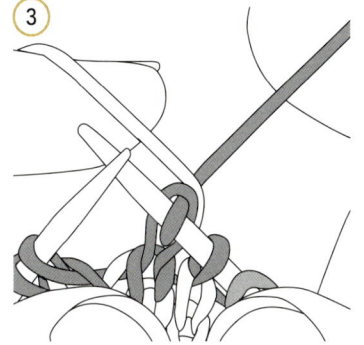

바탕실로 코를 마저 뜹니다(그림 3). 그리고 다음 코를 평소처럼 바탕실로 뜨면 강조실이 바탕실 뒤로 고정됩니다.

바탕실 감기 | 밝은색이 강조색

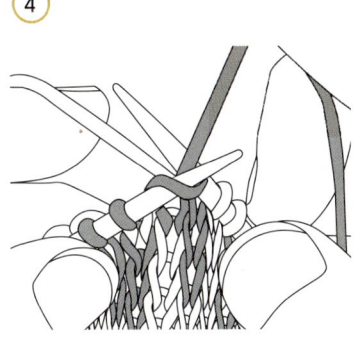

오른쪽 바늘을 코에 찔러 넣고 바탕실을 겉뜨기하듯이 감되 코를 끝까지 뜨지는 않습니다(그림 4).

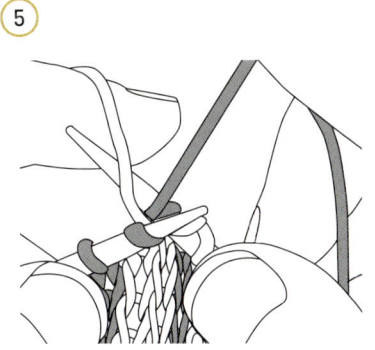

강조실을 겉뜨기하듯이 감습니다(그림 5).

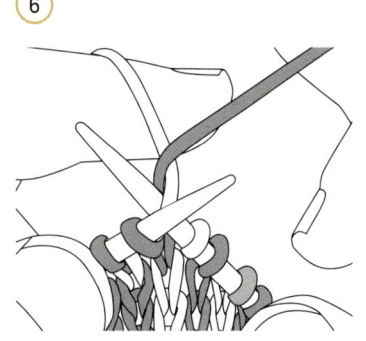

감았던 바탕실을 풀어내고 강조실로 코를 마저 뜹니다(그림 6). 그리고 다음 코를 강조실로 평소처럼 뜨세요. 강조실 뒤로 바탕실이 고정됩니다.

실을 왼손에 잡고 뜰 때 걸친 실 고정하기

강조실 감기 | 밝은색이 강조색

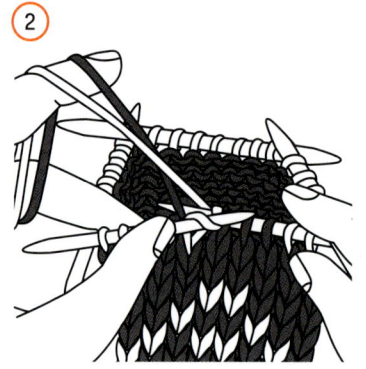

다음 코에 오른쪽 바늘을 찔러 넣고 그대로 바늘을 강조실 밑으로 밀어 실 아래에 오게 합니다(그림 1).

바탕실로 겉뜨기를 합니다(그림 2). 그리고 바탕실로 다음 코를 평소처럼 뜨면 강조실이 바탕실 뒤로 고정됩니다.

바탕실 감기 | 밝은색이 강조색

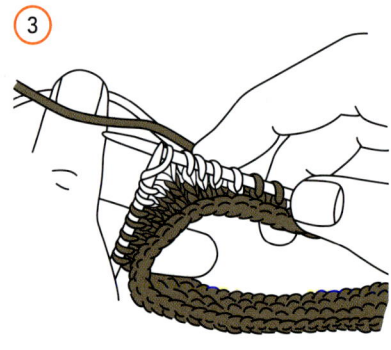

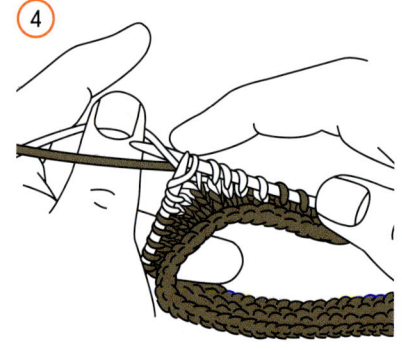

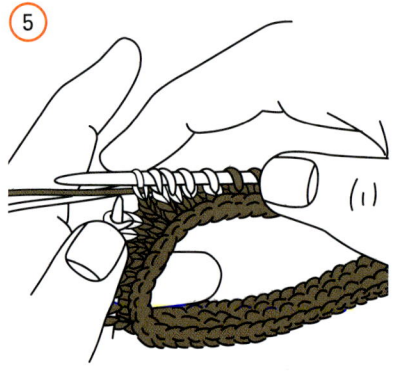

오른쪽 바늘을 코에 찔러 넣고 왼손 엄지로 강조실을 눌러 바탕실 뒤쪽으로 밀어줍니다(그림 3).

바늘로 두 실 위를 지나가서 뒤쪽의 엄지로 밀고 있는 강조실을 걸어 겉뜨기를 합니다. 이때 엄지를 이용해 바탕실이 걸리적거리지 않게 해주세요(그림 4).

코를 뜨고 나면 엄지를 치우고 다음 코를 강조실로 평소처럼 뜹니다(그림 5).

실을 오른손에 잡고 뜰 때 걸친 실 고정하기

강조실 감기 | 어두운색이 강조색

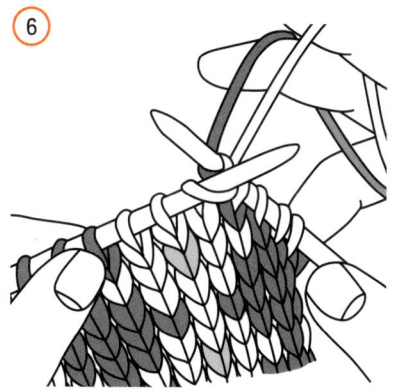

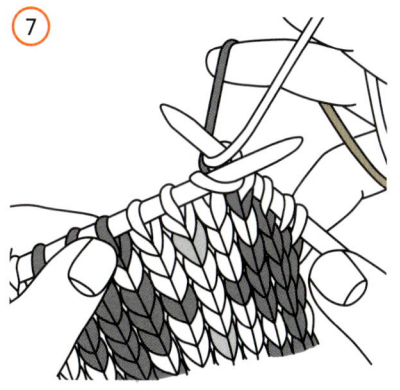

다음 코에 오른쪽 바늘을 찔러 넣고 강조실을 겉뜨기를 할 때와는 반대 방향으로 감습니다(그림 6).

바탕실을 보통 겉뜨기를 할 때처럼 감습니다(그림 7).

강조실을 풀어내고 바탕실로 코를 마저 뜹니다(그림 8). 다음 코를 바탕실로 평소처럼 뜨면 바탕실 뒤에 강조실이 고정됩니다.

바탕실 감기 | 어두운색이 강조색

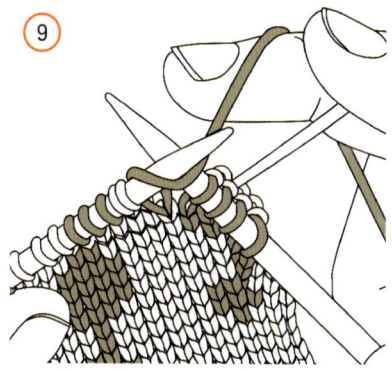

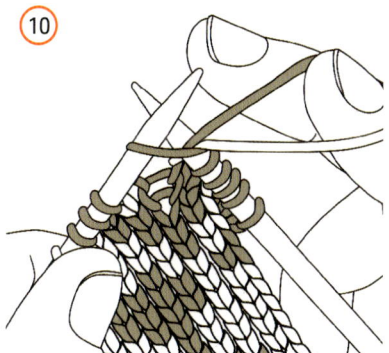

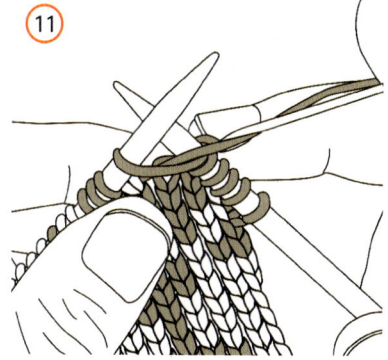

다음 코에 오른쪽 바늘을 찔러 넣습니다(그림 9).

두 실을 모두 겉뜨기를 할 때처럼 감습니다(그림 10).

바탕실을 풀어내고 강조실로 코를 마저 뜹니다. 다음 코를 강조실로 평소처럼 뜨면 바탕실이 강조실 뒤로 고정됩니다(그림 11).

코막음

아이코드 코막음 I-cord bind-off

케이블 코잡기 방법으로 코를 3코 잡습니다(그림 1).

1단계: 겉뜨기를 2코 합니다.

2단계: 바늘을 다음 2코의 뒤쪽 고리로 찔러 넣고 실을 통과시켜 2코를 한 번에 겉뜨기합니다(그림 2). 오른쪽 바늘에 3코가 걸려 있습니다.

3단계: 오른쪽 바늘의 3코를 다시 왼쪽 바늘로 옮깁니다(그림 3). 모든 코를 다 뜰 때까지 1~3단계를 반복합니다. 마지막 3코는 덮어씌워 코막음하고 실을 자른 다음 실끝을 마지막 고리 안으로 통과시킵니다. 덮어씌워 코막음 해서 생긴 가장자리를 처음 3코를 만들며 생긴 가장자리에 꿰매 고정합니다.

튜뷸러 코막음 tubular bind-off

1단: *겉뜨기1, 실을 편물 앞에 두고 안뜨기하듯이 1코 걸러뜨기.* *~*를 단 끝까지 반복한다.

2단: *실을 편물 뒤에 두고 1코 걸러뜨기, 안뜨기 1.* *~*을 단 끝까지 반복한다.

이제 모든 겉뜨기 코를 한 바늘로 옮기고 모든 안뜨기 코를 다른 바늘로 옮깁니다. 이렇게 옮기고 나면 겉뜨기 코와 안뜨기 코를 이어 튜뷸러 코막음 가장자리를 만들게 되는데요. 이 작업을 하는 동안에는 코를 뜨지 않고 넘기기만 하니 타래와 연결된 실은 잠시 내려놓습니다.

1단계: 다음 코(겉뜨기 코)를 별도의 줄바늘(사용 중인 바늘과 같거나 작은 호수)로 안뜨기하듯이 넘기고 이 바늘이 편물 앞쪽으로 오게 잡습니다.

2단계: 다음 코(안뜨기 코)를 기존에 고무단을 뜨며 사용하던 바늘로 안뜨기하듯이 넘기고 이 바늘을 편물의 뒤쪽에 오도록 잡습니다.

겉뜨기 코가 모두 앞쪽 바늘에 걸리고 안뜨기 코가 모두 뒤쪽 바늘에 걸릴 때까지 1~2단계를 반복합니다. 실을 자르되 실끝을 코를 막을 가장자리의 둘레보다 2배 이상 길게 남겨주세요. 앞쪽 바늘의 코와 뒤쪽 바늘의 코를 메리야스 잇기(키치너 스티치kitchener stitch)로 잇습니다. 앞쪽 바늘과 뒤쪽 바늘에 코가 하나씩 남을 때까지 작업한 다음 바늘을 빼고 코막음을 마무리합니다. 돗바늘을 단의 첫 코에 넣고 당겨서 벌어지지 않게 조여줍니다.

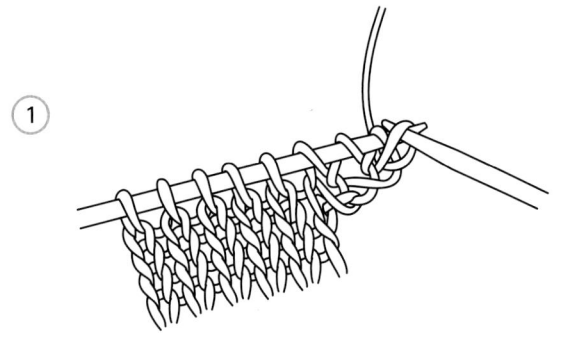

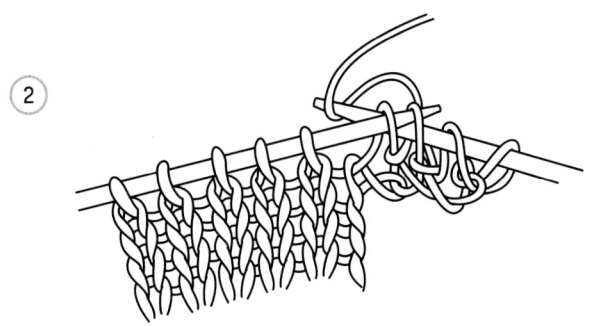

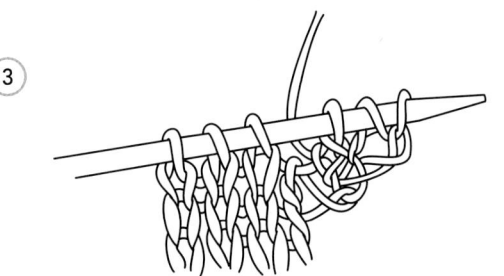

코잡기

감아코잡기 backward loop cast-on

타래에 연결된 실로 그림과 같이 고리를 만든 다음 고리를 바늘에 거꾸로(고리의 오른쪽 절반이 바늘 뒤쪽에 오게) 끼우고 조입니다. *~*를 반복합니다(그림 4).

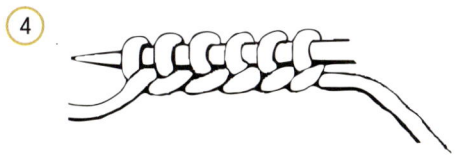

④

사슬코를 이용한 풀어내는 코잡기 crochet provisional cast-on

사용하려는 실과 색상이 대비되고 질감이 매끄러운 자투리 실로 코바늘을 이용해 잡으려는 콧수보다 4코 정도 많이 사슬뜨기를 느슨하게 합니다. 실을 자르고 실끝을 마지막 코에 통과시켜 고정합니다. 대바늘과 편물을 뜰 실로 마지막 사슬에서 2코 정도 떨어진 지점부터 시작해 원하는 콧수만큼 코를 줍습니다. 이때 바늘은 각 사슬의 뒤편에 있는 코산에 넣어주세요(그림 5). 패턴에 따라 편물을 뜨다가 처음 잡은 코를 쓸 시점이 되었을 때 코바늘로 뜬 사슬을 풀어내면 살아 있는 코가 나옵니다(그림 6). 이렇게 두 단계에 걸쳐 코를 잡는 방법도 있고, 처음부터 코바늘로 대바늘을 감싸서 사슬뜨기하며 바로 코를 잡아 한 단계로 진행하는 방법도 있습니다. 이 방법은 다음 웹페이지의 튜토리얼 영상으로 확인할 수 있습니다. www.andreaangel.com/tutorial-blog/crochet-provisional-cast-on

일반 코잡기 long-tail cast-on

실끝을 길게 남기고(1코당 약 2.5~5cm로 계산) 매듭을 지어 오른쪽 바늘에 겁니다. 왼손 엄지와 검지를 매듭과 연결된 실 사이에 놓습니다. 이때 타래와 연결된 실을 검지에 감고 실끝을 엄지에 감아요. 남은 손가락으로 실을 잡고 손바닥이 위를 보게 한 뒤 실로 V자 모양을 만듭니다(그림 7). 바늘을 엄지에 걸린 고리에 아래에서 위로 찔러 넣고(그림 8) 검지에 감긴 앞쪽 실을 건 다음 다시 엄지의 고리 아래로 끌어내립니다(그림 9). 고리를 엄지에서 빼낸 뒤 다시 실을 감아 V자 구조를 만들면서 방금 만든 코를 바늘에 맞춰 조입니다(그림 10).

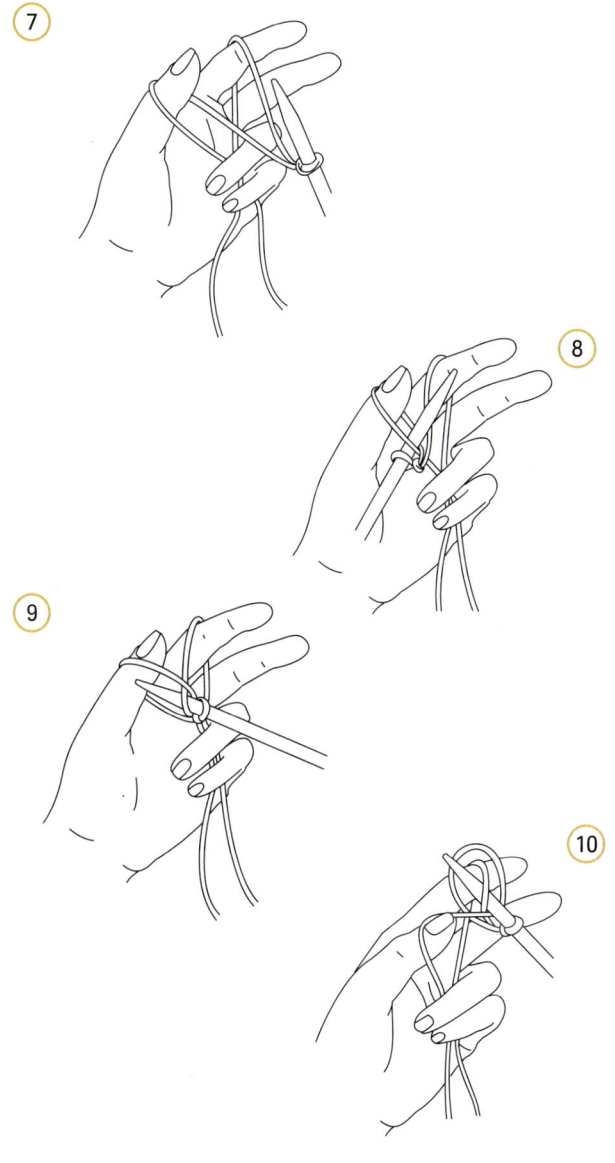

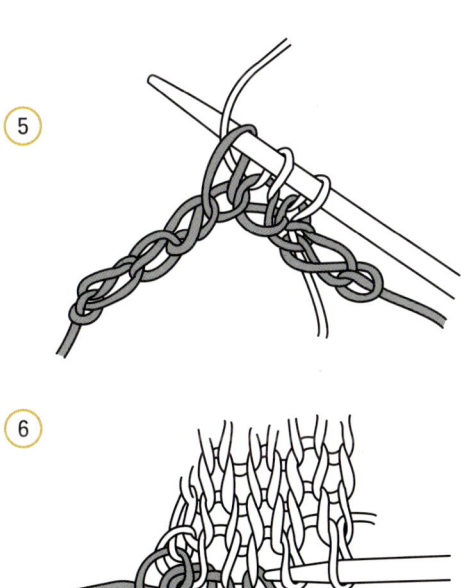

코줄임

2코모아겉뜨기(왼코 겹치기) | k2tog
왼쪽 바늘의 다음 2코에 오른쪽 바늘을 앞에서 뒤로 한꺼번에 찔러 넣고(그림 1) 2코를 같이 겉뜨기합니다.

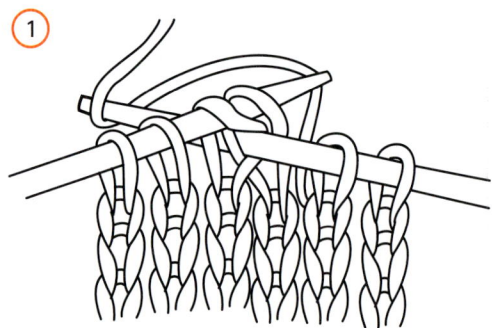

오른코 3코모아뜨기(왼쪽으로 기울어지는 2코 코줄임) | sk2P
첫 번째 코를 겉뜨기하듯이 찔러 오른쪽 바늘로 넘기고 다음 2코를 한꺼번에 겉뜨기합니다. 왼쪽 바늘 끝으로 오른쪽 바늘에 넘겼던 첫 번째 코를 겉뜨기한 코 위로 덮어씌우고 오른쪽 바늘에서 빼냅니다.

오른코 모아뜨기(오른코 겹치기) | ssk
2코를 각각 겉뜨기하듯이 오른쪽 바늘로 넘깁니다(그림 2). 왼쪽 바늘 끝을 오른쪽 바늘에 넘긴 2코의 앞쪽으로 찔러 넣고 그대로 코의 뒤쪽을 통과한 상태가 된 오른쪽 바늘을 이용해 2코를 한꺼번에 겉뜨기합니다(그림 3).

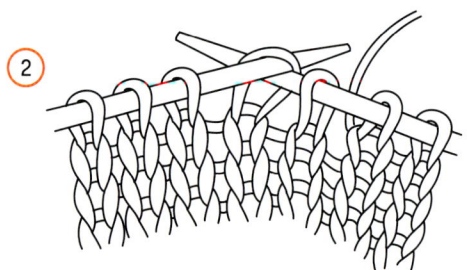

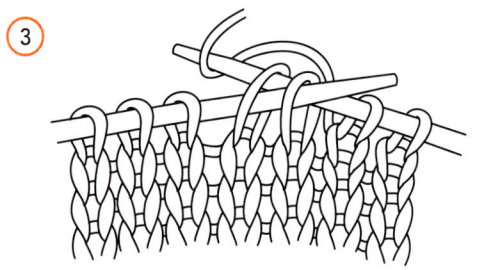

코늘림

왼쪽으로 꼬아 코늘림 | M1L
마지막으로 뜬 코와 왼쪽 바늘 첫 번째 코 사이 걸쳐진 실 밑에 왼쪽 바늘 끝을 앞에서 뒤로 넣어 그 실을 들어 올립니다(그림 4). 그 다음 왼쪽 바늘에 걸린 고리의 뒤쪽에 오른쪽 바늘을 넣어 겉뜨기합니다(그림 5).

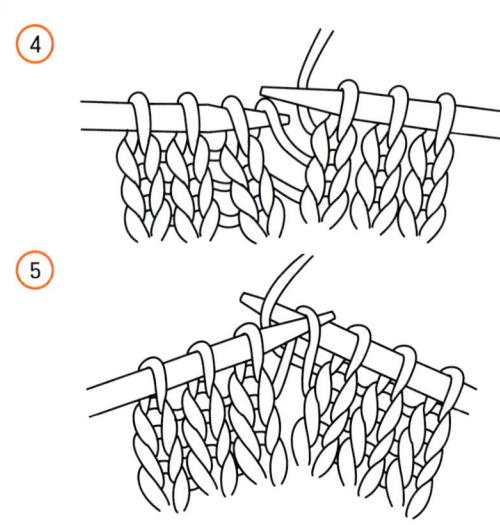

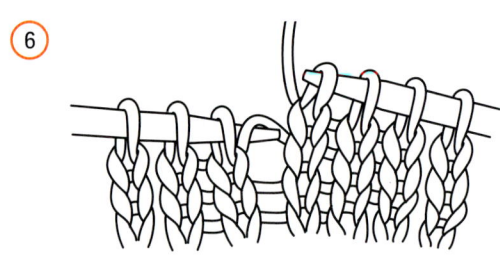

오른쪽으로 꼬아 코늘림 | M1R
마지막으로 뜬 코와 왼쪽 바늘 첫 번째 코 사이 걸쳐진 실 밑에 왼쪽 바늘 끝을 뒤에서 앞으로 넣어 그 실을 들어 올립니다(그림 6). 왼쪽 바늘에 걸린 고리로 겉뜨기합니다(그림 7).

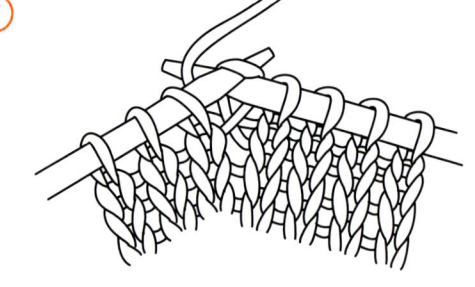

되돌아뜨기

랩앤턴 wrap & turn
겉뜨기 면
편물을 뒤집을 지점까지 뜬 뒤 다음 코를 안뜨기하듯이 걸러뜨기합니다(그림 8). 실을 앞쪽으로 가져온 뒤 걸러뜨기한 코를 다시 왼쪽 바늘로 옮깁니다(그림 9). 편물을 뒤집고 실을 다음 코를 뜰 위치로 가져옵니다. 이렇게 하면 1코를 감싼 상태가 되고 실이 다음 코를 뜰 수 있는 올바른 위치에 오게 됩니다. 이어지는 단에서 실로 감싼 코를 만나면 다음과 같이 감싼 실과 코를 한꺼번에 떠서 감싼 실이 보이지 않게 숨깁니다. 먼저 오른쪽 바늘 끝을 아래에서 위로 감싼 실에 찔러 넣습니다. (이때 감싼 코가 겉뜨기 코라면 앞쪽에서, 안뜨기 코라면 뒤쪽에서 넣습니다.) 이어서 바늘을 코에 찔러 넣습니다(그림 10). 바늘에 걸린 코와 감싼 실을 하나의 코로 보고 한꺼번에 뜹니다.

안뜨기 면
편물을 뒤집을 지점까지 뜬 뒤 다음 코를 안뜨기하듯이 걸러뜨기합니다. 실을 편물 뒤로 가져간 뒤(그림 11), 걸러뜨기한 코를 다시 왼쪽 바늘로 옮깁니다. 실을 바늘 사이에서 앞으로 가져옵니다(그림 12). 편물을 뒤집어 겉뜨기 면이 보이게 합니다. 이렇게 하면 1코를 감싼 상태가 되고 실이 다음 코를 뜰 수 있는 올바른 위치에 오게 됩니다. 이어지는 안뜨기 단에서 감싼 실을 숨기려면 감싼 코 앞까지 뜬 뒤 오른쪽 바늘 끝을 뒤에서부터 넣어 감싼 실을 들어 올리고 왼쪽 바늘 위에 올려놓습니다(그림 13). 바늘에 걸쳐 올려서 만들어진 고리와 감싼 코를 한꺼번에 안뜨기합니다.

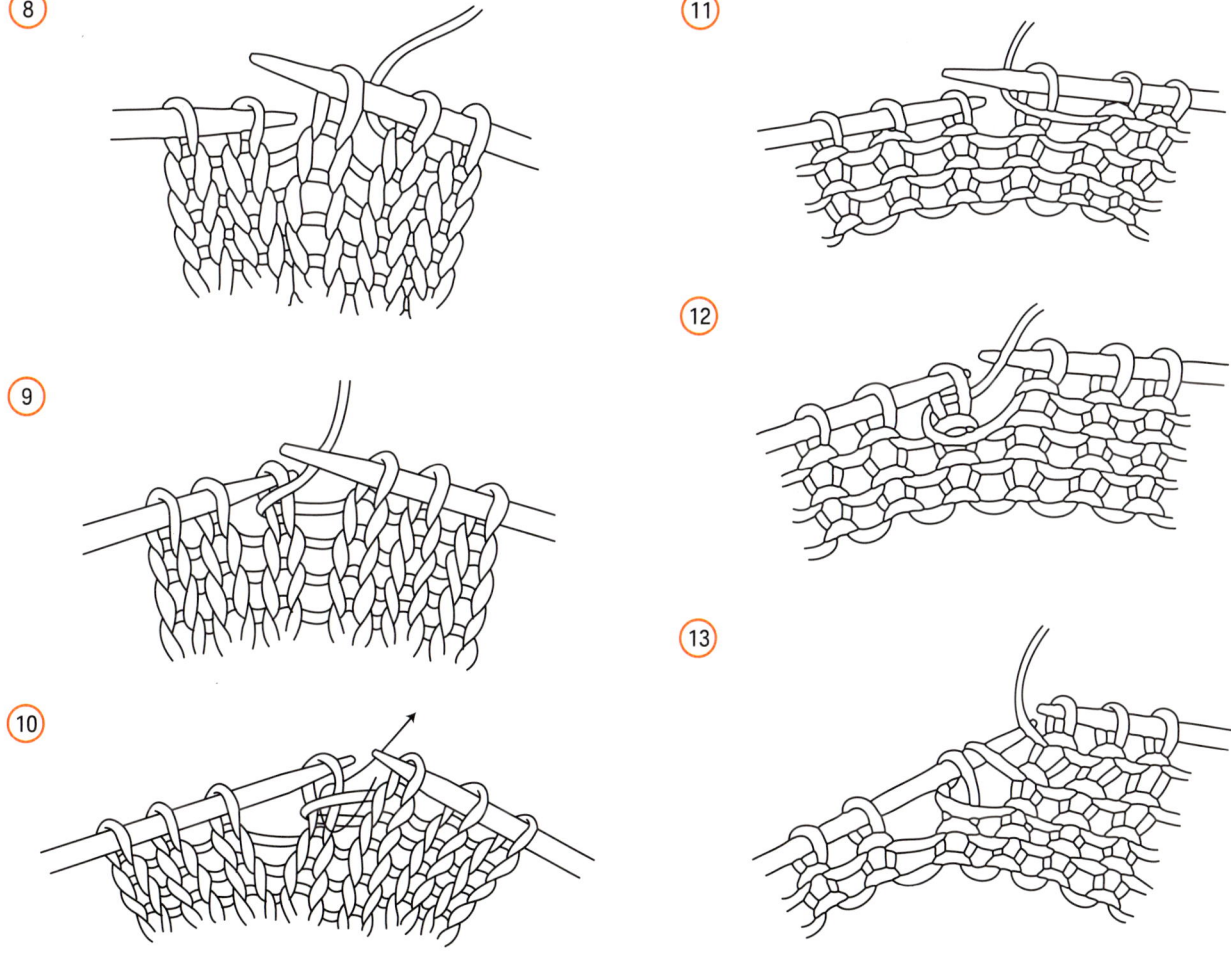

기타 기법

덧수 duplicate stitch

덧수는 편물 위에 수를 놓아 장식성을 더하거나 편물의 뒷면에 실 끝을 숨길 때 쓰는 기법입니다. 저는 실끝을 정리할 때 이 기법을 써요. 그리고 편물에 눈에 띄는 색을 추가하고 싶을 때도 즐겨 사용합니다.

가로 방향: 실을 꿴 바늘을 편물의 뒷면에서 찔러 앞면으로 빼냅니다. 이때 바늘은 덧수를 놓을 겉뜨기 코 V자 모양의 밑부분을 찌릅니다. *바늘을 한 단 위의 코 뒤에 오른쪽에서 왼쪽으로 통과시키고 나서 다시 덧수를 뜰 코의 밑부분으로 찔러 넣습니다. 다시 바늘을 왼쪽에 있는 다음 코의 V자 모양 바로 밑부분에서 앞면으로 빼냅니다.* *~*을 반복합니다.

세로 방향: 작업할 영역의 가장 아랫단부터 시작해 가로 방향의 설명과 같이 덧수를 놓은 다음, 바늘을 마지막으로 작업한 코 바로 위 코의 V자 모양 밑부분에서 앞면으로 빼냅니다.

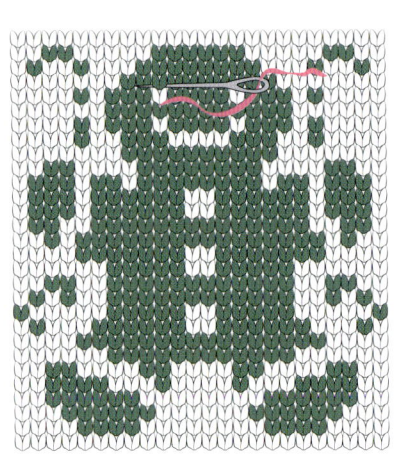 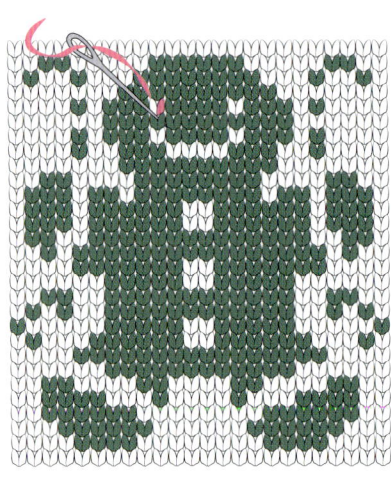 

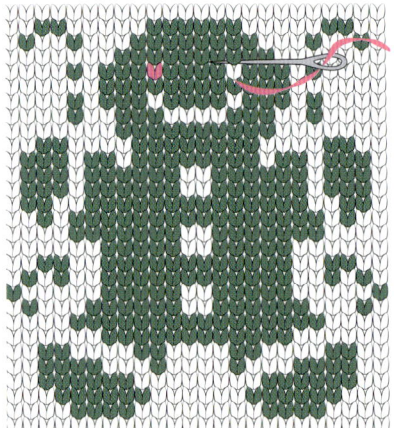 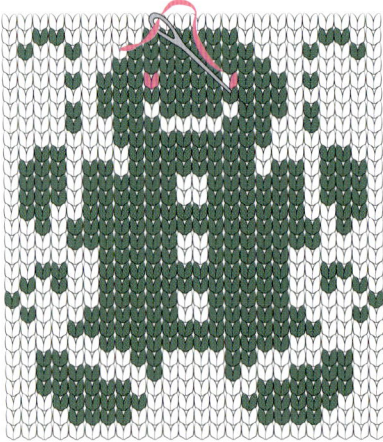

덧수 기법으로 선택한 코의 색을 바꾸거나 실수한 곳을 쉽게 고칠 수 있습니다.

CHAPTER 5
INDEXES
찾아보기

모티브 찾아보기 | 콧수 기준

5+1코
잊힌 역사(5+1) _46
작은 멍멍이(5+1) _82

6코
균열(6) _47
아르테미스(6) _52

8 & 8+1코
도기 왕좌(8+1) _90
발의 단짝(8+1) _80
세상의 끝(8) _68
솟음(8+1) _59
아크로폴리스(8) _48
아티팩트(8+1) _31
영원(8) _60
요새(8+1) _60
트위스트(8) _42

10 & 10+1코
개척자(10+1) _50
깃털(10+1) _61
덤불(10) _64
도시 구획(10+1) _49
돛단배(10+1) _93
멀리서 본 나무들(10+1) _46
모자이크(10+1) _32
분열(10) _55
충돌(10) _47
비행기(10+1) _92
사과(10+1) _77
작은 잎사귀(10+1) _33
장미(10+1) _34
정원 요정(10+1) _85
조그만 조랑말(10) _76
철엽(10+1) _48
흩날리는 잎사귀(10) _44

11 & 11+1코
가시나무 울타리(11) _41
가을(11) _35
덩굴시렁(11+1) _62
미늘(11) _43
반짝이는 크리스털(11) _38
초승달(11+1) _58

12 & 12+1코
공작(12+1) _52
밀물과 썰물(12) _42
상승(12) _39
순록(12+1) _89
염소 고틀리 씨(12+1) _89
작은 게(12+1) _79
토스트(12+1) _104

판다(12+1) _101
펭귄(12+1) _101
포스트 아포칼립스(12+1) _86
활(12+1) _82
회로(12) _54

13 & 13+코
눈사람(13+2) _94
불길(13+1) _83
장화(13+1) _86
지팡이사탕(13) _72
퍼즐(13) _55
헬리콥터(13+1) _97

14 & 14+1코
갈고리(14) _51
개암나무 잎사귀(14+1) _36
눈송이(14+1) _56
다중우주(14) _71
도자기(14+1) _56
오 캐나다(14+1) _28
자작나무 잎사귀(14+1) _38
크룰러도넛(14+1) _39
풍차(14+1) _87

15코
바람(15) _58
체리(15) _72

16 & 16+1코
8번 공(16+1) _100
고무 오리(16+1) _104
고불고불(16) _59
덴드로븀(16+1) _30
돈주머니(16+1) _102
막실라리아(16+1) _65
버터롤(16+1) _69
사시나무(16+1) _29
산맥 지도(16+1) _43
음표(16+1) _97
치타(16) _61
카미소니아(16+1) _41

17 & 17+코
벌새(17) _103
보어의 원자모형(17+1) _98
생쥐(17+1) _99
요정(17+1) _96

18 & 18+1코
나방(18+1) _94
눈알(18+1) _83
덩굴 단풍(18+1) _68
블루베리(18+1) _57
새를 넣어봐(18) _73

욕실의 물고기(18) _88
유채꽃(18+1) _70
작은 떡갈나무 잎(18) _53
지구(18+1) _102
태양(18+1) _103
파도(18+1) _53
포도(18+1) _65
풍나무 잎사귀(18+1) _37
호접란(18) _33

19+1코
살진 고양이 부장님(19+1) _98
소나기(19+1) _91
입술(19+1) _78

20 & 20+1코
곰곰이 생각하는 곰(20+1) _77
달팽이(20+1) _81
벚나무 잎사귀(20+1) _37
분홍바늘꽃(20+1) _31
사과나무 잎사귀(20+1) _34
수련(20+1) _30
현관 앞의 호박(20) _73

21 & 21+1코
겨울 소식(21+1) _45
기지개 켜는 강아지(21) _92
데이지(21+1) _29
뱀(21) _79

22 & 22+1코
꿩의비름(22) _67
딸기(22) _78
바닐라(22+1) _57
새싹(22+1) _51
심해(22) _87
앵무조개(22+1) _96
유령(22+1) _100
큰 떡갈나무 잎(22) _62
프레스코(22+1) _50

23+1코
기차(23+1) _91
생강과자 인형(23+1) _84

24+1코
거북이(24+1) _95
몬스테라(24+1) _66
양귀비(24+1) _35
조개(24+1) _81

25+1코
큰 게(25+1) _84

26 & 26+1코
그랑 로제(26+1) _32
금잔화(26+1) _71
여우(26) _75
음매(26) _75
해바라기(26) _70

28+코
블랙베리 잎사귀(28+1) _64
드래곤(28+1) _74
떡잎(28+1) _36
큰 단풍잎(28+1) _28
헴프(28+5) _66

29 & 29+1코
돼지 날다(29) _85
백일홍(29+1) _40
봄의 징조(29+1) _63
티타임(29+1) _80

30 & 30+코
국화(30+1) _44
작약(30+1) _45
잔가지(30+1) _40
전갈(30) _76
처음(30+2) _54
층층의 나뭇잎(30+1) _63

31 & 31+2코
공룡(31) _95
돌고래(31+2) _88
북부(31) _69
흩날리는 연기(31) _49

32+1코
장미 송이(32+1) _67
쥐(32+1) _90

35+1코
치즈 대 생쥐(35+1) _74

37+1코
달의 위상(37+1) _93

48+1코
체스(48+1) _99

모티브 찾아보기 | 단수 기준

5 & 5+1단
개척자(5) _50
솟음(5) _59
아르테미스(5+1) _52
작은 멍멍이(5+1) _82

6 & 6+1단
기차(6+1) _91
덩굴시렁(6) _62
영원(6) _60

7+1단
달의 위상(7+1) _93
생쥐(7+1) _99
충돌(7+1) _47

8 & 8+1단
균열(8) _47
도기 왕좌(8+1) _90
미늘(8+1) _43
심해(8) _87
조그만 조랑말(8+1) _76

9 & 9+1단
겨울 소식(9) _45
바람(9+1) _58
세상의 끝(9+1) _68
흩날리는 연기(9+1) _49
잔가지(9+1) _40
층층의 나뭇잎(9+1) _63
파도(9) _53
헬리콥터(9+1) _97

10 & 10+1단
공작(10) _52
돛단배(10+1) _93
떡잎(10+1) _36
모자이크(10+1) _32
밀물과 썰물(10+1) _42
비행기(10+1) _92
산맥 지도(10) _43
아크로폴리스(10+1) _48
요새(10) _60
음표(10+1) _97
입술(10+1) _78

11 & 11+1단
갈고리(11+1) _51
반짝이는 크리스털(11) _38
순록(11+1) _89
작은 게(11+1) _79
장화(11+1) _86
체스(11+1) _99
판다(11+1) _101
퍼즐(11) _55

12 & 12+1단
고불고불(12) _59
공룡(12+1) _95
나방(12+1) _94
발의 단짝(12+1) _80
벌새(12+1) _103
봄의 징조(12+1) _63
상승(12) _39
새싹(12+1) _51
오 캐나다(12+1) _28
잊힌 역사(12+1) _46
트위스트(12+1) _42
티타임(12+1) _80
활(12+1) _82

13+단
달팽이(13+1) _81
돌고래(13+5) _88
욕실의 물고기(13+1) _88
지팡이사탕(13+1) _72
토스트(13+1) _104
회로(13+1) _54

14 & 14+1단
다중우주(14) _71
딸기(14+1) _78
블루베리(14+1) _57
사과(14+1) _77
여우(14+1) _75
작은 떡갈나무 잎(14+1) _53
쥐(14+1) _90
치타(14+1) _61

15 & 15+1단
거북이(15+1) _95
기지개 켜는 강아지(15+1) _92
뱀(15+1) _79
보어의 원자모형(15+1) _98
아티팩트(15) _31
전갈(15+1) _76
처음(15) _54
풍차(15+1) _87

16 & 16+1단
8번 공(16+1) _100
고무 오리(16+1) _104
눈송이(16+1) _56
도자기(16) _56
북부(16) _69
블랙베리 잎사귀(16+1) _64
작은 잎사귀(16+1) _33
카미소니아(16+1) _41
포스트 아포칼립스(16+1) _86

17+1단
가시나무 울타리(17+1) _41
염소 고틀리 씨(17+1) _89
지구(17+1) _102
초승달(17+1) _58
태양(17+1) _103
펭귄(17+1) _101
현관 앞의 호박(17+1) _73

18 & 18+1단
깃털(18) _61
눈알(18+1) _83
돈주머니(18+1) _102
멀리서 본 나무들(18) _46
벚나무 잎사귀(18+1) _37
분열(18) _55
사과나무 잎사귀(18+1) _34
유채꽃(18+1) _70
체리(18+1) _72
치즈 대 생쥐(18+1) _74
큰 떡갈나무 잎(18+1) _62

19 & 19+1단
드래곤(19+1) _74
소나기(19+1) _91
자작나무 잎사귀(19) _38
정원 요정(19+1) _85

20+1단
분홍바늘꽃(20+1) _31

21 & 21+1단
눈사람(21+1) _94
데이지(21+1) _29
불길(21+1) _83
살진 고양이 부장님(21+1) _98
요정(21+1) _96
유령(21) _100
음매(21+1) _75
큰 게(21) _84

22 & 22+1단
가을(22) _35
돼지 날다(22+1) _85
수련(22) _30
양귀비(22+1) _35
철엽(22) _48
풍나무 잎사귀(22) _37
호접란(22) _33

23+1단
곰곰이 생각하는 곰(23+1) _77
장미(23+1) _34

24 & 24+1단
덤불(24+1) _64
도시 구획(24) _49
사시나무(24) _29
크룰러도넛(24) _39
프레스코(24) _50
흩날리는 잎사귀(24+1) _44

25+1단
장미 송이(25+1) _67

26단
덩굴 단풍(26) _68
덴드로븀(26) _30
몬스테라(26) _66
버터롤(26) _69
새를 넣어봐(26) _73

27+1단
그랑 로제(27+1) _32

28 & 28+1단
개암나무 잎사귀(28) _36
막실라리아(28) _65
생강과자 인형(28+1) _84
헴프(28) _66

29+1단
백일홍(29+1) _40

30+1단
국화(30+1) _44
작약(30+1) _45
포도(30+1) _65

32단
앵무조개(32) _96

34단
꿩의비름(34) _67

36단
조개(36) _81
큰 단풍잎(36) _28

40단
바닐라(40) _57

42단
해바라기(42) _70

46단
금잔화(46) _71

모티브 찾아보기 | 가나다순

(괄호 안의 숫자는 반복되는 콧수 / 단수입니다)

8번 공(16+1 / 16+1) _100
가시나무 울타리(11 / 17+1) _41
가을(11 / 22) _35
갈고리(14 / 11+1) _51
개암나무 잎사귀(14+1 / 28) _36
개척자(10+1 / 5) _50
거북이(24+1 / 15+1) _95
겨울 소식(21+1 / 9) _45
고무 오리(16+1 / 16+1) _104
고불고불(16 / 12) _59
곰곰이 생각하는 곰(20+1 / 23+1) _77
공룡(31 / 12+1) _95
공작(12+1 / 10) _52
국화(30+1 / 30+1) _44
균열(6 / 8) _47
그랑 로제(26+1 / 27+1) _32
금잔화(26+1 / 46) _71
기지개 켜는 강아지(21 / 15+1) _92
기차(23+1 / 6+1) _91
깃털(10+1 / 18) _61
꿩의비름(22 / 34) _67
나방(18+1 / 12+1) _94
눈송이(14+1 / 16+1) _56
눈사람(13+2 / 21+1) _94
눈알(18+1 / 18+1) _83
다중우주(14 / 14) _71
달의 위상(37+1 / 7+1) _93
달팽이(20+1 / 13+1) _81
덤불(10 / 24+1) _64
덩굴 단풍(18+1 / 26) _68
덩굴시렁(11+1 / 6) _62
데이지(21+1 / 21+1) _29
덴드로븀(16+1 / 26) _30
도기 왕좌(8+1 / 8+1) _90
도시 구획(10+1 / 24) _49
도자기(14+1 / 16) _56
돈주머니(16+1 / 18+1) _102
돌고래(31+2 / 13+5) _88
돛단배(10+1 / 10+1) _93
돼지 날다(29 / 22+1) _85
드래곤(28+1 / 19+1) _74
딸기(22 / 14+1) _78
떡잎(28+1 / 10+1) _36
막실라리아(16+1 / 28) _65
멀리서 본 나무들(10+1 / 18) _46
모자이크(10+1 / 10+1) _32
몬스테라(24+1 / 26) _66
미늘(11 / 8+1) _43
밀물과 썰물(12 / 10+1) _42
바닐라(22+1 / 40) _57
바람(15 / 9+1) _58
반짝이는 크리스털(11 / 11) _38
발의 단짝(8+1 / 12+1) _80
백일홍(29+1 / 29+1) _40
뱀(21 / 15+1) _79
버터롤(16+1 / 26) _69
벌새(17 / 12+1) _103
벚나무 잎사귀(20+1 / 18+1) _37
보어의 원자모형(17+1 / 15+1) _98
봄의 징조(29+1 / 12+1) _63
북부(31 / 16) _69
분열(10 / 18) _55
분홍바늘꽃(20+1 / 20+1) _31
불길(13+1 / 21+1) _83
블랙베리 잎사귀(28+1 / 16+1) _64
블루베리(18+1 / 14+1) _57
비행기(10+1 / 10+1) _92
사과(10+1 / 14+1) _77
사과나무 잎사귀(20+1 / 18+1) _34
사시나무(16+1 / 24) _29
산맥 지도(16+1 / 10) _43
살찐 고양이 부장님(19+1 / 21+1) _98
상승(12 / 12) _39
새를 넣어봐(18 / 26) _73
새싹(22+1 / 12+1) _51
생강과자 인형(23+1 / 28+1) _84
생쥐(17+1 / 7+1) _99
세상의 끝(8 / 9+1) _68
소나기(19+1 / 19+1) _91
솟음(8+1 / 5) _59
수련(20+1 / 22) _30
순록(12+1 / 11+1) _89
심해(22 / 8) _87
아르테미스(6 / 5+1) _52
아크로폴리스(8 / 10+1) _48
아티팩트(8+1 / 15) _31
앵무조개(22+1 / 32) _96
양귀비(24+1 / 22+1) _35
여우(26 / 14+1) _75
염소 고틀리 씨(12+1 / 17+1) _89
영원(8 / 6) _60
오 캐나다(14+1 / 12+1) _28
요새(8+1 / 10) _60
요정(17+1 / 21+1) _96
욕실의 물고기(18 / 13+1) _88
유령(22+1 / 21) _100
유채꽃(18+1 / 18+1) _70
음매(26 / 21+1) _75
음표(16+1 / 10+1) _97
입술(19+1 / 10+1) _78
잊힌 역사(5+1 / 12+1) _46
자작나무 잎사귀(14+1 / 19) _38
작약(30+1 / 30+1) _45
작은 게(12+1 / 11+1) _79
작은 떡갈나무 잎(18 / 14+1) _53
작은 멍멍이(5+1 / 5+1) _82
작은 잎사귀(10+1 / 16+1) _33
잔가지(30+1 / 9+1) _40
장미(10+1 / 23+1) _34
장미 잎사귀(32+1 / 25+1) _67
장화(13+1 / 11+1) _86
전갈(30 / 15+1) _76
정원 요정(10+1 / 19+1) _85
조개(24+1 / 36) _81
조그만 조랑말(10 / 8+1) _76
쥐(32+1 / 14+1) _90
지구(18+1 / 17+1) _102
지팡이사탕(13 / 13+1) _72
처음(30+2 / 15) _54
철엽(10+1 / 22) _48
체리(15 / 18+1) _72
체스(48+1 / 11+1) _99
초승달(11+1 / 17+1) _58
층층이 나뭇잎(30+1 / 9+1) _63
충돌(10 / 7+1) _47
치즈 대 생쥐(35+1 / 18+1) _74
치타(16 / 14+1) _61
카미소니아(16+1 / 16+1) _41
크룰러도넛(14+1 / 24) _39
큰 게(25+1 / 21) _84
큰 단풍잎(28+1 / 36) _28
큰 떡갈나무 잎(22 / 18+1) _62
태양(18+1 / 17+1) _103
토스트(12+1 / 13+1) _104
트위스트(8 / 12+1) _42
티타임(29+1 / 12+1) _80
파도(18+1 / 9) _53
판다(12+1 / 11+1) _101
퍼즐(13 / 11) _55
펭귄(12+1 / 17+1) _101
포도(18+1 / 30+1) _65
포스트 아포칼립스(12+1 / 16+1) _86
풍나무 잎사귀(18+1 / 22) _37
풍차(14+1 / 15+1) _87
프레스코(22+1 / 24) _50
해바라기(26 / 42) _70
헬리콥터(13+1 / 9+1) _97
헴프(28+5 / 28) _66
현관 앞의 호박(20 / 17+1) _73
호접란(18 / 22) _33
활(12+1 / 12+1) _82
회로(12 / 13+1) _54
흩날리는 연기(31 / 9+1) _49
흩날리는 잎사귀(10 / 24+1) _44

주제별 찾아보기

ㄱ
가로로 걸친 실 _24, 146~149
가닥 _12
감아코잡기 _151
그레데이션 컬러 실 _22, 112

ㄴ
나일론/코튼 혼방 _19

ㄷ
다색 그레데이션 실 _22, 112
단 _13
달라붙는 섬유 _10
덧수 _154
돔 형태 비니 패턴 _110~111, 116~119
되돌아뜨기 _153

ㄹ
랑부예 울 _16
롱테일 코잡기 _151

ㅁ
메리노 울 _15
모티브
  조합 _108~115
  스와치와 차트도안 _26~105
모헤어 _10, 11, 20, 21

ㅂ
밝은색 _24
방모사 _12, 15, 17
배색 뜨기
  모티브 & 스와치 _26~105
  팁 _24~25
  섬유 준비 공정 _12
  섬유 무게 _12
  실 선택하기 _10~13
  실의 탄성과 가닥 _12
벌키 실 _18
블로킹 _24
블루페이스 레스터 울 _17
비니 _110~111, 116~119

ㅅ
사슬코를 이용한 풀어내는 코잡기 _151
색 선택 _24
색 표현의 강약(컬러 도미넌스) _145
섬유
  무게 _13
  조성 _10
  준비 공정 _12
  실 갤러리 _14~23
  탄성 _12
세미 솔리드 컬러 실 _22
소모사 _12
슈퍼벌키 울 단사 _18
스와치 _26~105
스틱 _13
스페클 컬러 실 _22
실
  가닥 _12
  갤러리 _14~23
  섬유 무게 _13
  섬유 준비 공정 _10
  무게 _12
  선택하기 _10~13
  조성 _10
  탄성 _12
실 꼬임 _10, 12
실 잡는 방법 _24, 145~149
실크 _10, 11, 20, 21
실크/리넨 혼방 _20

ㅇ
아이슬란드 울 _11, 16
아이코드 코막음 _150
알파카 _144
앵무조개 반장갑 _112~113, 120~127
어두운색 _24
약어 _144
요크 _114
울
  단사 _11, 18, 21
  랑부예 _16
  메리노 _15

방모 셰틀랜드 _15
방모 코르모 _17
블루페이스 레스터 _17
셰틀랜드 _15
슈퍼벌키 단사 _18
아이슬란드 _11, 16
탄성 _10
울 단사 _11, 18, 21
원통뜨기 _113
원통 요크 _114
일반 코잡기 _151

ㅈ
잔털이 많은 섬유 _10
장갑 _112~113, 120~127
질감 _10~11

ㅋ
코늘림 _152
코르모 울 _17
코막음 _150
코잡기 _151
코줄임 _110, 152
코튼/면사 _10, 19

ㅌ
토널 컬러 실 _23
튜뷸러 코막음 _150

ㅍ
패턴 _108~115
표면 질감 _10~11
풀어내는 코잡기 _151
풀오버 _114~115, 128~141
플로트 _24, 146~149

ㅎ
한밤의 정원 풀오버 _114~115, 128~141
헤더 컬러 실 _23

감사의 글

이 책을 만드는 동안 저를 지지해준 분들께 넘치는 감사를 전합니다!
늘 책 작업이 어떻게 되어가는지 궁금해하고 제가 하는 일과 모든 노력을 적극적으로 응원해주는 엄마.
이 책이 세상에 나올 수 있게 다시금 실력을 발휘해준 사려 깊은 편집자 케리 보거트.
패턴을 전문적으로 다듬어 준 테크니컬 에디터 수전 모스크와.
아이디어와 사진, 단어를 정말 아름다운 형체로 바꿔준 북 디자이너 애슐리 웨이드슨.
제가 꿈꾸는 이미지를 노련하게 잡아낸 사진가 월터 콜리.
뜨개에 필요한 재료를 만들어주는 멋진 실 제조사들. 여러분이 만든 실에서 영감을 받고 있어요!

이 책을 위해 아낌없이 실을 지원해주었습니다.

네이버후드 파이버
neighborhoodfiberco.com
미국 메릴랜드주 볼티모어

파머스 도터 파이버스
thefarmersdaughterfibers.com
미국 몬태나주 그레이트폴스

스핀사이클 얀스
spincycleyarns.com
미국 워싱턴주 벨링엄

이 책을 만든 사람들

케리 보거트, 프로젝트 책임 및 편집
앨리슨 콜레스키, 편집
레이번 피터스, 교정
수전 모스크와, 테크 에디터
샌디 로즈너, 테크 컨설턴트
도리 리사트, 테스트 니팅
애슐리 웨이드슨, 표지 및 레이아웃 디자인
숀 랭걸, 일러스트레이터(차트도안)
월터 콜리, 사진 촬영
마리 스피넬리, 사진 촬영보조
킴 샐리, 스타일리스트
에이미 주비에타, 모델
제니퍼 갈베스 케이턴, 모델

니트오베이션 스티치 사전
모던한 배색 손뜨개 모티브 150+

초판 1쇄 인쇄   2025년 10월 20일
초판 1쇄 발행   2025년 10월 25일

지은이   앤드리아 랭걸
옮긴이   김혜연

펴낸이   최정이
펴낸곳   지금이책
등록   제2015-000174호
주소   경기도 고양시 일산서구 킨텍스로 410
전화   070-8229-3755
팩스   0303-3130-3753
이메일   now_book@naver.com
블로그   blog.naver.com/now_book
인스타그램 nowbooks_pub

ISBN   979-11-88554-90-4 (13590)

* 이 책은 저작권법에 따라 보호를 받는 저작물이므로 무단전재와 무단복제를 금지하며,
  이 책 내용의 전부 또는 일부를 이용하려면 반드시 저작권자와 지금이책의 서면 동의를
  받아야 합니다.
* 잘못되거나 파손된 책은 구입하신 서점에서 교환해드립니다.
* 책값은 뒤표지에 있습니다.